JLA
図書館実践シリーズ ……………………… 30

「図書館の めざすもの」 を語る

第101回全国図書館大会
第14分科会運営委員 編

日本図書館協会

Let's talk about our objectives of the library

(JLA Monograph Series for Library Practitioners ; 30)

「図書館のめざすもの」を語る ／ 第101回全国図書館大会第14分科会運営委員編. － 東京 ： 日本図書館協会, 2016. － 151p ： 19cm. － （JLA図書館実践シリーズ ； 30）. － ISBN978-4-8204-1606-7

tl. トショカン ノ メザスモノ オ カタル al. ダイ101カイ ゼンコク トショカン タイカイ ダイ14ブンカカイ ウンエイイイン
sl. 図書館 ①010

はじめに

「JLA図書館実践シリーズ」の一冊として,『「図書館のめざすもの」を語る』を,第101回全国図書館大会第14分科会の成果として刊行できたことを大変うれしく思います。本書が図書館員と市民の方々の手に渡り,図書館がよりいっそう市民のものとなる一助になればと願います。また,本書が図書館設置者の目にふれることにより,図書館が本当に市民のものとなる一石になるならば,それは望外の喜びです。

本書は,竹内悊編訳『図書館のめざすもの 新版』(日本図書館協会,2014)から生まれました。日本図書館協会 (JLA) 出版委員会では,JLA出版物の一冊である『めざすもの』を,「図書館の役割を再考する」分科会のテーマとして取り上げました。出版物としての『めざすもの』で綴られた思いが,分科会での報告と参加者との意見交換を重ねることによって形を変え,分科会参加者のみなさんに届くことを願って分科会を開催しました。

分科会の報告者には,『めざすもの』で紹介された「私たちの図書館宣言」(図書館友の会全国連絡会),「瀬戸内市としょかん未来プラン」(岡山県瀬戸内市),「図書館のちかい」(岡山市の学校図書館)の関係者の方をお招きしました。『めざすもの』の編著者である竹内さんの思いが通じて,みなさんのご快諾をいただけました。この場を借りて改めてお礼申し上げます。

また,分科会の最後では,参加者のみなさんと,竹内悊さん,嶋田学さん,加藤容子さん,濱田幸子さんに,分科会での報告内

容とフロアからの意見への回答を公開したいと締めくくりました。分科会参加者の思いが本書の刊行へと結実し，その約束を果たせました。4人の方々には，年度末の多忙な中，原稿をご執筆いただき，本当にありがとうございました。とりわけ，新館建築の大詰めを迎えているにもかかわらず，原稿執筆を快諾いただいた嶋田さんには感謝に堪えません。

　第Ⅰ部「図書館を語る」は，分科会記録として，竹内さんの基調報告と，3人の報告者の方々の「めざすもの」，およびフロアトークで構成しました。会場の座席数の都合で参加をお断りせざるを得ず，分科会に参加できなかった方々も多数いらっしゃいました。いまこそ「図書館のめざすもの」が求められている証です。改めて，図書館関係者のみなさまに分科会の熱気が伝わることと思います。

　第Ⅱ部「私の『図書館のめざすもの』」では，分科会当日の質問とアンケートをもとに，報告者の方々が当日語りつくせなかった思いと質問への回答を合わせて，新たにお寄せいただいた原稿で構成しています。第Ⅱ部からは，分科会当日の「めざすもの」より一歩踏み込んだ思いを受け取ることができます。また，「めざすもの」にふさわしい場面を，図書館写真家・漆原宏さんの作品から了解を得て厳選しました。本書により，報告者の方々が届けた「めざすもの」の思いが，読者のみなさまの「めざすもの」を噴出させるきっかけになり，思いが奔流となって図書館が大きく動き出すことを願っています。

2016年6月
日本図書館協会出版委員会
委員長　長谷川　豊祐

目次

はじめに（長谷川豊祐）　iii

第Ⅰ部　図書館を語る ……………………………………1

●1章●　「図書館の役割を再考する」…………………2
第101回全国図書館大会第14分科会記録

1.1　オープニング　2
1.2　基調報告「『図書館のめざすもの』新版と旧版」
　　（竹内　悊）　4
1.3　報告1「瀬戸内市新図書館のめざすもの」
　　（嶋田　学）　16
1.4　報告2「学校図書館のめざすもの」（加藤容子）　26
1.5　報告3「市民が求める『図書館のめざすもの』」
　　（濱田幸子）　32
1.6　フロアトーク　38
1.7　エンディング　60

第Ⅱ部　私の「図書館のめざすもの」……61

●2章●　去年，今年，そしてこれから（竹内　悊）…………62

2.1　はじめに　62

目次

   2.2 去年との連続　62
   2.3 『図書館のめざすもの』の初版について　64
   2.4 日本での「めざすもの」　69
   2.5 私の「めざすもの」　79
   2.6 終わりに　86

●3章● 私が考える「図書館のめざすもの」　……88
——分科会での質問に答えて(嶋田 学)

   3.1 分科会での質問に答えます　88
   3.2 私が考える「図書館のめざすもの」　108

●4章● 学校図書館のめざすもの(加藤容子) ……… 109

   4.1 学校図書館のめざすもの　109
   4.2 学校図書館を活用した学習　118
   4.3 中学生と読書　124
   4.4 図書館のちかい　127
   4.5 多くの人と連携して子どもの学びを支える　129

●5章● 図書館友の会全国連絡会のめざすもの(濱田幸子) ……………… 131

   5.1 「私たちの図書館宣言」と解説　131
   5.2 図書館友の会全国連絡会の活動　134
   5.3 これからの図書館友の会全国連絡会　142
   5.4 おわりに－第14分科会のアンケートから　143

編集後記 (小池信彦)　147

索引　148

第 I 部

図書館を語る

1章 「図書館の役割を再考する」
第101回全国図書館大会第14分科会記録

■第101回全国図書館大会（東京大会）第14分科会
- 日時：2015年10月16日（金）
- 場所：国立オリンピック記念青少年総合センター
- 基調報告：『図書館のめざすもの』新版と旧版　竹内悊（図書館情報大学名誉教授，元日本図書館協会理事長）
- 報告：嶋田　学（瀬戸内市新図書館開設準備室長）
　　　　加藤容子（津山市立北陵中学校学校司書）
　　　　濱田幸子（図書館友の会全国連絡会）
- フロアトーク：コーディネーター　小池信彦（調布市立図書館館長）

1.1 オープニング

●**長谷川豊祐**（日本図書館協会出版委員会委員長）

　昨年（2014年）10月に，『図書館のめざすもの　新版』（竹内悊編・訳）が，日本図書館協会から発行されました。私は，その企画を行った同協会出版委員会の長谷川と申します。よろしくお願いします。

　最初にこの分科会の趣旨を説明させていただきます。今回，この新版が出され，そして，この分科会にこれだけ多くの方々が集まるということは，それだけ図書館が注目されている，

そして，みなさん一人ひとりが「図書館のめざしたいもの」を考えている，図書館はいまそういう時期にあるのではないかと思います。

そこで，この分科会では，その編訳者である竹内悊さんと，その本の中に出てくるお三方をお呼びして，各々の方の「めざすもの」をうかがい，その上で，会場のみなさんとフロアトークを行う。そして，最終的には，会場にいらっしゃるみなさんお一人おひとりが「図書館のめざすもの」を再考し，それを持ち帰っていただく。それがこの分科会の趣旨です。

会場のみなさまには，受付で質問紙をお渡ししました。この質問紙には，質問とともに，みなさんの「こんな図書館をめざしたい」というものを書いていただきたいと思います。そして，公開してもいいよ，というところにマークをしていただいた場合は，この分科会の記録冊子に掲載させていただきたいと思います。ぜひ，この質問紙にみなさんの熱い思いをお書きください。よろしくお願いします。

司会進行は，調布市立図書館館長の小池さんにお願いしています。ではさっそく小池さん，よろしくお願いいたします。

●**小池信彦**（調布市立図書館館長）

今回の司会進行を務めさせていただく，調布市立図書館の小池と申します。よろしくお願いします。ではさっそく，竹内さんのお話から始めさせていただきます。竹内さん，よろしくお願いします。

1.2 基調報告「『図書館のめざすもの』新版と旧版」

●竹内　悊（図書館情報大学名誉教授，元日本図書館協会理事長）

　みなさん，おはようございます。今日はよくおいでくださいました。この集まりは，昨年（2014年）の分科会からの続きになっています。みなさんご存じのように，昨年のこの分科会では，漆原宏さんの写真集『ぼくは，図書館がすき』（日本図書館協会，2013）をテーマにして，図書館の現場で活躍されてきた早川光彦さん，松島茂さんのお話があって，しかも会場のみなさんとの交流があり，図書館を考えるためのとてもいい集まりであったと聞いています。参加された方からも，とてもよかったですよ，ということを聞きました。

　今年は，ちょうどその分科会が開かれた頃（2014年10月）に発行された，『図書館のめざすもの　新版』（以下，『新版』）がテーマですが，じつは，漆原さんの写真集とこの本は，二つにして一つなのですね。どういうことかというと，この本の初版を書いたとき，漆原さんの写真集にしたいと思っていたのです。それが，今回こういう形で，『新版』としてまとめることができました。

　つまり，昨年は「映像」を中心に図書館が語られました。そして今年は，その「映像」に加えて，『新版』の「文章」と，ここにいらっしゃる図書館現場で実践されている方々の「音声」を合わせて，「全体」が構成されているわけです。

(1)　旧版から新版へ

　さて，大会要項に私の基調報告の要旨が載っています。まずは，その内容から簡単にお話ししたいと思います。

『図書館のめざすもの』の初版（以下，『旧版』）が出版されたのは1997年，いまから18年前のことです。内容は，1995年にアメリカ図書館協会から発行された「アメリカ社会に役立つ図書館の12か条」（以下，「12か条」）を中心として，全米図書館友の会連合会の「図書館協約」の内容を加え，さらに，当時アメリカで盛んに議論されていた「インフォメーション・スーパーハイウェイ」についての紹介をいたしました。

　この『旧版』を出したとき，私は，「日本の社会の中には，図書館のことを考える地下水が必ずある。この本が出たら，きっとその地下水が地表にじわじわと現われてくるだろう。この本がそのきっかけになるかもしれない…」という期待を持っていました。ところが，その期待は見事に裏切られたというか，私の思いどおりにいかなかった。私が間違っていた，ということなのです。

　私は，地表が「地下水」で潤ってくる，と思っていました。しかし，実際はそうではなくて，あちこちに「噴水」が出てきたのです。そして，「図書館とは何か」，「私たちはどんな図書館が欲しいか」ということが，盛んに議論されるようになりました。もちろんそうした動きは，私の本がつくったのではなくて，それ以前から日本の各地で，特に家庭文庫や地域文庫，いわゆる，子ども文庫活動をしておられる方々が，「図書館とは何だろうか」ということを深く考え，しかもそれを行政に対しても，しっかりと表明されたことによります。

　たとえば，その一つの例として，「仙台にもっと図書館をつくる会」の活動があります。この活動は，1970年代の初め頃からの家庭文庫・地域文庫の実践の上に立つ活動を土台に，

1982年に会が結成されました。そして,「市民による図書館構想」を1985年,89年,97年と3回にわたって発表し,その3回目に,「公立図書館というものは,中学校区に一つはほしい」ということをはっきりと謳っています。それが,ちょうど,『旧版』が出された時期と同じなのです。当時,そういうことが日本の国内で,芽をふき始めていたのでしょう。

そうした中で,多くの人々がこの『旧版』をご覧になりました。そして,その方々がそれを多くの人に薦めてくださいました。さらに,ご協力くださった漆原さんの写真がまことに魅力があり,その結果,多くの方々に読んでいただくことができました。

その後,アメリカでは,1995年に出た「12か条」が改訂されました。2010年のことです。ご承知のように,1995年から2010年の15年間,アメリカは大変な不況に見舞われました。税金の収入が足りなくなりました。また,国際情勢の変化もあって,各地各種の図書館は深刻な打撃を受けました。その結果,どの館種でも,分館が閉鎖されたり,統合されたりしました。また,専門図書館など分館がないところは,館自体が閉鎖されました。大学図書館も分館を閉鎖する。閉鎖しないところでも,開館時間が短縮される。職員は,首になるわけではないけれども,帰休させられたりして,働き口がなくなってゆく…。ということがあちこちで起こってまいりまして,そういう状況の下で,それを踏まえて,「12か条」の改訂が行われたわけです。

初版の「12か条」には,懇切丁寧な解説が付いていました。ところが,その解説が3分の1から5分の1に圧縮されました。本文そのものも,短くなりました。考え方自体にはそれ

ほど変化があったとは思いませんが，とにかく「じっくり考える」ということから，何が何でも，いまの状況に対応しなければならないということで，「急いで考える」という時代になったのではないかと思います。

しかしながら，そういう時代，つまり，「12か条」の本文も解説も大きく縮小される時代にあっても，第1条の解説には，「公共図書館はアメリカ社会において，無知と服従を求める専制政治から国民を守ることを目的とする唯一の機関である」と書いています。この表現はそのままに残っています。

これは，どんな時代でも，何としてでも，「無知と服従を求める専制政治から国民を守るのは，公立図書館である」というはっきりとした意志を持ってアメリカの図書館人は仕事をしている，ということを示すものではないでしょうか。そして，この強い意志を裏返してみれば，アメリカは民主主義の国だと言われるけれども，じつは，民主主義を"めざしている国"であって，すでに民主主義が確立した国ではない，ということをはっきりと示しているのだと思います。

(2) 旧版と新版の違い

そこで，この『めざすもの』の新版についてです。この新版は，二つの点で旧版と大きく異なっています。

第一は，「日本でのめざすもの」を中心としたことです。アメリカの「12か条」とタイトルを同じにしたものですから，中身の配列はアメリカのものから始まっています。しかし，私が中心に置いているのは，日本のことです。この「めざすもの」は，けっして米国の紹介で終わるものではありません。

第二に，それぞれのめざすもの，つまり，アメリカの二つ

(アメリカ図書館協会と全米図書館友の会連合会)と日本の四つ(湯布院町「未来をひらくゆふいん図書館」,瀬戸内市「瀬戸内としょかん未来プラン」,岡山市立宇野小学校「としょかんのちかい」,岡山市立岡北小学校「図書館のちかい」)に,日本の図書館友の会全国連絡会の「私たちの図書館宣言」を加えて,それぞれのめざすものを,みなさんに,「比較」という面でご検討願いたい。そういう気持ちでこれを編みました。

ただし,ここで私がいう「比較」は,けっして,どちらが優れているかを判断し順位づけをすることではありません。そうではなくて,考えるべきことを等距離に置いて並べてみて,似ているところや違うところを見つけ,その上に立って「自分は何を考えるか」を考える。つまり,自分を知るための方法が,「比較」なのです。けっして,順位づけではありません。そういう「自分を知るための比較」という方法が,この小冊子をつくるときの基本的な考え方でした。

この,「比較」という観点を導入しようというのは,私自身が無理やり考え出したことではなくて,本書で述べようと思っていたことを目の前に並べて考えていたら,自然と,「比較」という方法が浮かび上がってきたのです。つまり,「比較」という視点は,私が考えてやったわけではなくて,集まった材料が,そういう表現形式を決めてくれた,そう思っています。

そして,これは,戦後の日本の図書館活動の大きな流れを考えるときにも言えるのではないかと思います。戦後の日本の図書館活動をどういうふうに捉えるか。私は,非常に大雑把に言うと,30年間で一つの区切りをおいて考えてみたいのです。つまり,1950年に「図書館法」の公布から始まり,1960

年代，70年代と進む時代が，第一の30年期です。そして，その後の1980年代，90年代，そして2000年代の30年間が，第二の30年期。そして今は，2010年代です。ということは，今，私たちは第三の30年期の入口に立っているわけです。

振り返ってみますと，第一の30年期の終わり，つまり，第一期と第二期の間（はざま）に，日本の公共図書館は，初めて貸出数が人口を上回りました。1979年のことです。それまでは，日本の公共図書館の貸出冊数は，人口の数には至らなかった。人口一人一冊にはならなかったのですね。それが，第一期の終わりに達成できた。そしてさらに，第二の30年期においてそれが伸びてきて，現在に至っています。ご承知のように，ここ数年は資料費の減額により少し下向きになってはいますが，大きな期間で見ると，この第二の30年期の初めから今日に至るまでが，日本の図書館にとっては非常に重要な時期なのです。

では，誰がそれをしたか。まず図書館界を見ますと，図書館界の「人」が育ってきた，と言えると思います。当時の館長さんたち——ここ数年の間に退職を迎えられた館長さんたちが，若い頃から一所懸命働き，そして，次代の若い人たちを育ててくれた。そして，その人たちが地域の人たちと話し合いをしながら，図書館活動を続けてくれた。地域の方では，地域文庫や家庭文庫の活動があり，そして，そのエネルギーがいま，学校図書館を充実しよう，という方向に進んでいます。そういう時期が，第二の30年期ではなかったでしょうか。

そしていま，三つ目の30年期の入口です。次の30年期には，いったい何が見えてくるのでしょうか。

こういう捉え方は，私だけの思いかもしれません。でも，もしかしたら，私だけではなく，多くの方々もそう思われているかもしれない，という気もします。

　いままで，私たちは，図書館というものを「館種別」で考えてきました。つまり，公共図書館なら公共図書館，学校図書館なら学校図書館，大学図書館なら大学図書館という「カプセル」をそれぞれに持っていて，そのカプセルの中で物事を考えるという時期がありました。したがって，自分の館種以外のこと，カプセルの外側のことはわからなかったのですね。ところが，このカプセルがいまは，横につながるようになってきました。それは，カプセルが破れたとでも言いましょうか。

　そういう中で，「司書」という仕事は何なのか。館種による違いはそれぞれの勤め先自体の専門性であって，基本的には，どの図書館でも同様な，司書として働くということの共通の基盤がある。それが大事になってきた。いまは，そういう時期であろうと，私は考えています。

　じつは，「読書」とか「図書館」というものは，昔は特別なことだったのですね。読書とか図書館を地域で考えること，たとえば地域での文庫活動を始めたりするのは，金があって暇があって，そして，よくものを言う，うるさい人たちであろうと言われてきました。何か，特別なこと，余計なことだったのです。

　それがいまは，子どもたちを含めて，その特別なことが当たり前なことになってきている。もしかしたら，現場の方からすると，必ずしもそうではない面もあるよとおっしゃるかもしれませんが，大まかな見方をしますと，そんな時代にな

ったのではないか、と私は思います。もちろん、物事はまっすぐ右肩上がりに行くわけではなくて、行ったり来たりしながら、少しずつその差を積み重ねていくわけです。だから、「特別なことから当たり前に」と言っても、なお揺り返しはいくらでもあると思います。でも、そうしながらも、大きく見れば、確実にある方向に進んでいくのではないか。

　というのは、「図書館」が、これほど頻繁に語られるようになったのは、いままでの60年間で初めてです。私は1950年代前半に図書館で働き始めたのですが、こんなに「図書館、図書館」と言われたことはありません。

　そうしますと、図書館についての情報の大量化、また、それに伴う考え方の多様化という現象が起こります。すると、そこに必ず混乱が起こってくる。私は、図書館の変化を人間の成長になぞらえて考えたいと思っているのですが、図書館というものの全体の成長を考えますと、人間が子どものときから青年期を迎え、やがて成人になり、そして成熟期を迎える過程の中で、いまの図書館は、人間でいえば、青年前期の始まりという感じを持っています。

　つまり、図書館に期待を持ってくださる人たちがいろいろなことを言って、「お前はこうなれ、ああやれ」と言う。でも、それが本人にとって本当に適切であるかどうかはわからない。ただ、風当たりだけは強くなっている。いままでの子どものときのように、「良い子」にしていれば褒められる、というわけにはいかない。その風当たりの強さに対して、われわれがどう考えるか。日本の図書館は、そういう時期に立ち至ったのではないでしょうか。

　そこで、市民として、図書館員として、自分たちが生きて

いく上での「図書館」というものは何であろうか。そういうことを考えるのが、これから始まる三つ目の30年期ではないか。そういう時期に、昨年も今年も、「人」と「映像」と「本」によって、それを考える機会をつくっていただいたことは、日本の図書館の将来を考えるために、とても有意義なことではないかと思っています。

(3) ランガナタンの「五法則」から学ぶこと

そういう流れの中に、今日の分科会があります。この会では、日本の図書館のこれからの30年間を考える上で重要だと思われることを、実際に図書館の現場で実践しておられる方々から、じっくりとうかがいたいと思います。それぞれの方々の「めざすもの」についてのお話です。

なぜそう考えたかと申しますと、普通、「めざすもの」というのは、箇条書きになりますね。第1条何々、第2条何々…、というふうに。箇条書きというのは見てすぐにわかるようにはなっていますが、一方で、わかったような気になる、という落とし穴があります。簡単にわかるものは、簡単に忘れます。大事なことは、それを深めていくことなのです。つまり、ここでは、箇条書きで書かれた「めざすもの」を深めて、この短い言葉の中に何が入っているのかということを考えたい、そう思いました。

じつは、そう思ったのは、ここ10年ほど、みなさんご存知の「ランガナタンの五法則」のことを改めて考えたからなのです。

あの「ランガナタンの五法則」は、ランガナタン博士がインドの大学の図書館長に任命されて、多少の実務を経験し、

それからイギリスに渡って図書館学を学び，たくさんの図書館を見学し，人に会って話を聞き，それからインドに戻って，自分の大学図書館の改革をした。その7〜8年間の自分の思索と行動の中から，図書館にとって大事だと思われるものを，五つの項目にまとめたものなのです。しかも，それを，わずか26の英語の単語でまとめた。平均すると，一項目が英単語五つです。とても短い。だから，見てすぐに，なるほど，とわかる。

ところが，ランガナタンは，その五法則，すなわち26の英単語を説明するのに400ページの本を書いています。それだけの内容があるのです。しかも，その400ページの内容を読んだ人が自分自身の考えを発展させられるように書いてある。そのための準備が，あの五つの法則の中にあるのです。

さらにランガナタンは，別なところで，「学ぶ上での一番の方法は，そのことを一番よく知っている人のそばに座って，その人の声を聞き，姿を見，会話を交わすことである。そうして初めて，真の理解をすることができる」と言っています。そして，「読書というものは，その代用なのだ」と。つまり，すべての人が，いちばん優れた人のそばにいて話を聞くわけにはいきませんね。したがって，その代わりに「読書」がある。読書はそういうつもりでやるものだ，ということです。

ここで私が言いたいことは，いちばんの学び方は，「そのことをいちばんよく知っている人」から直接話を聞くことなのです。それで，今日は三人の方に来ていただきました。つまり，今日の分科会のメインは，これからお話をいただく，お三方なのです。

(4) 地域で生きるための図書館

 なお，今日の分科会にご参加願えませんでしたが，『新版』では，大分県湯布院町（現・由布市）の「未来をひらくゆふいん図書館」の事例も紹介しています。この事例も，とても立派な内容です。

 この「未来をひらくゆふいん図書館」ができたのは 1998 年のことです。じつはその後，これを推進していた町長が代わり，また，周囲の町との合併があり，この図書館の建設計画自体は実現していません。現在は，以前の公民館図書室が市立図書館の分室になっています。

 しかし，この内容には非常に素晴らしいものがあります。ここに書かれていることは，「私たちはこの地域で生きていく」ということであり，「そのためにはどのような図書館が必要なのか」ということが述べられています。これは，湯布院の教育財団の方にお願いをしまして，Web サイトで読めるようにしていただきましたので，ぜひお読みください（http://www.yufuin-zaidan.jp/pg96.html）。また，今日は，図書館情報学の先生方も多く参加されていると思いますが，どうぞこれを学生さんにも読んでいただくよう，お薦めください。それだけの中身があると思っております。

 もう一つ申し上げますと，湯布院という町は，35 年間，「ゆふいん音楽祭」というものを続けてきました。しかも，湯布院の人たちはこれを「三方一両損方式」ということでやりました。この「三方一両損」というのは，落語にある話ですね。要するに，関係者が 1 両ずつ出しあって，落とした 3 両のお金から起こったものごとを丸くおさめたということです。

 「ゆふいん音楽祭」の場合，日本の有数の音楽家とそのお

弟子さんたちが，次々とかかわりながら35年間続けてきたわけですが，そのとき音楽家への謝金は「なし」なのです。皆さん，ただで演奏しているのです。ただ，湯布院というところで演奏することを楽しみに来てくれる。一方，湯布院の町の旅館組合の方々は，音楽家の人たちに宿泊と食事を無料で提供する。食事の中には大量のビールも入っていたようであります（笑）。そして，実際の運営は，町の若い人たちが手弁当で行う。つまり，この三方がそれぞれに力を出し合って，35年間続いてきたのです。他所の自治体でこれを真似しようと思っても，なかなかできないのではないでしょうか。なお，この音楽祭の様子については，『ゆふいん音楽祭35年の夏』（木星舎，2014）という本も出ています。こちらもぜひご覧ください。

　湯布院という町はそういうところですので，そこの町の人たちはこういうことを続ける力を持っています。その中での図書館計画が生まれ，さらにその経験を基礎にして新しいものが出てくるであろうことを，私は大いに期待しています。したがって，湯布院での図書館建設計画はまだまだ生きていると，私は思っています。

　というわけで，私の話はおしまいにいたします。どうぞ，休憩の後の，お三方のお話にご期待ください。ご清聴くださいまして，ありがとうございました。

● 小池

　竹内さん，ありがとうございました。では，ここで一旦，休憩を入れて，その後，再開したいと思います。

《休憩》

1.3 報告1 「瀬戸内市新図書館のめざすもの」

●嶋田　学（瀬戸内市新図書館開設準備室長）

　岡山県瀬戸内市からまいりました，瀬戸内市新図書館開設準備室の嶋田と申します。よろしくお願いします。竹内先生から，私ども3名に対する期待をいただき，ハードルが高くなったなと，とてもプレッシャーを感じているところです。

　今日は何をお話しすればいいか，前日まで悩んでおりましたが，さきほど竹内先生から「現場の者からの話が大事」というお話がありましたので，実際にやってきたことを率直にお話しするのが一番いいのかなと思っています。そこでここでは，私が2011年4月から瀬戸内市の新図書館の開設準備にあたって取り組んできた／いることをお話させていただくことを通して，「瀬戸内市新図書館のめざすもの」を少しでもみなさんにお伝えできればと思っております。

(1) 「図書館のある暮らし」を伝える

　瀬戸内市は人口3万8000人，三つの町が合併をしてできた市です。三つの地区には各々公民館図書室（小さいところで100㎡，大きなところで400㎡）がありますが，県の図書館統計を見ますと，瀬戸内市は県下でもさまざまな図書館利用データが最下位という状況でした。そうした中，現市長が新しい図書館建設を公約に上げて当選したという経緯があります。

　竹内先生の『新版』でもご紹介いただきましたように，ま

ず瀬戸内市がやったことは,新しい図書館をつくるに際して,館長候補者(開設準備室長)を全国から公募したことでした。私自身,その機会を知り,応募し,2011年4月1日からそのお仕事をさせていただいている次第です。

　私が,開設準備室長として最初にやったことは,市の図書館利用が十分ではないという状況の中で,まずは,市民のみなさんに「図書館がある暮らし」,「本がある暮らし」とはどういうものかをわかりやすくお伝えしようということでした。具体的には,就任後すぐの4月6日に幼稚園の園長会があったのですが,そこに参加させていただき,「各園に移動図書館(巡回サービス)を行わせていただけないか」とお願いしたのです。「車(最初は専用車ではなく,公用車の軽バン)に500冊ほどの絵本を積んで,各園を回らせてください」とお願いしました。

　ここで私たちが大事にしたことは,ただ本を届けるということではなくて,一人ひとりの園児さんに図書館のカードをつくっていただき,自分で本を選んでいただくことでした。そして,子どもたちには必ず本をおうちに持って帰ってもらう。そこまでのセットでぜひ図書館の巡回サービスを受け入れていただけないか,というお願いをしました。おかげさまでみなさんにご賛同いただき,いまでは,月に1回ですけれども,保育園も含めて子どもたち一人に1冊の本を届け,そして,司書によるお話し会もやっています。

　じつは,ありがたいことに,その半年後に,石川県七尾市から移動図書館専用車両を無償で譲渡いただくことができました。そこで,地域の方からの寄付で車をきれいにし,地元の高校にデザインをお願いしました。また,公募により「せ

とうちまーる号」という名前をつけていただき、いま、快調に走っております。

写真 1-1　移動図書館「せとうちまーる号」

(2)　「持ち寄り」と「分け合い」を基本構想に

一方，2011年は，新図書館の基本構想の作成途中でしたので，私もそこにかかわらせていただくことになりました。そのとき，私の頭の中には，竹内先生が日本図書館協会のミッションの中でもおっしゃっている「持ち寄り」と「分け合い」という言葉がずっとありました。そして，瀬戸内市の図書館をつくる際には，ぜひ，この「持ち寄る」と「分け合う」という言葉をなんとか基本的な考えの中に据えられないか，と考えました。

そこで，さっそく竹内先生にお手紙を出させていただきました。じつは，大変失礼ながら，そうしようということが決

まってから,「こういうふうにさせていただきたいのですが…」という,本当に失礼なお手紙だったのですが…。

具体的には,竹内先生の「持ち寄り」,「まとめ」,「分け合い」という言葉に「見つける」という言葉を加え,「持ち寄り・見つけ・分け合う」ということで基本構想を策定したのですが,竹内先生からは大変応援をしていただきました。そして,こうおっしゃっていただきました。

「日本図書館協会で『持ち寄り』と『まとめ』と『分け合い』という言葉を出した時には,まだまだ,図書館に対する社会の理解が十分ではない時代に,司書（図書館員）がいろいろな知恵や思いを『持ち寄って』,実行できる形に『まとめ』,そしてそれを『分け合う』ことで図書館を市民のものにしていこう,そういうことで『持ち寄り』と『まとめ』と『分け合い』という言葉を使った。一方,瀬戸内市がやろうとしているのは,市民のいろいろな思いを『持ち寄り』,そして,そこで市民が何かを『見つけ』,学んだことを『分け合う』,そういうスタンスを瀬戸内市では言われている。だから,これは瀬戸内市のオリジナルです。ですから,どうぞ遠慮なくこの言葉を活用してください」という,とてもありがたいお手紙を頂戴しました。

そういったことで,竹内先生からは,その後もいろいろなご助言をいただいて,いま準備を進めているところです。

(3) 「としょかん未来ミーティング」と学習会

その後,2011年に基本構想ができた段階で,「としょかん未来ミーティング」という市民ワークショップを立ち上げました。これは,「どのような図書館をつくるか」ということを,

市民の方々との対話を重ねることで考えていこうというものです。このワークショップは，事前申込制ではなく，完全フリー制でやりました。「何月何日何時何分にワークショップを行います。来たい人はどなたでも来てください」という形式です。

初回に 50 人くらいの市民の方々に来ていただきました。そこで，基本構想の「コンセプト」と「七つの指針」というのをベースにみなさんからご意見をいただき，そのご意見を基に，2012 年 4 月に「基本構想」を「基本計画」にしていきました。市民のみなさんのご意見をいただきながら，「基本計画」を作っていったわけです。この「としょかん未来ミーティング」は，今年（2015 年）2 月に 10 回目を迎えました。

そういったことで，2012 年に新しい市立図書館の「基本計画」ができるわけですが，瀬戸内市ではすでに市内の各小・中学校に 1 名の司書が配置（一部兼任）されていましたので，この学校図書館の支援も同時にやっていこうということになりました。そこで，2012 年に「学校図書館と子どもたちの学び」という学習会を発足しました。学校の先生方と市民の方々，学校司書，図書館司書の方々が一緒に学び合いをしようという場です。

第 1 回目は，親子読書地域文庫全国連絡会代表の広瀬恒子さんに基調講演をしていただき，また，東出雲町（現・松江市）揖屋小学校の門脇久美子司書と樋野義之司書教諭に来ていただき，学校での実践をうかがいました。じつは，第 2 回目には竹内先生においでいただき，お話をしていただきました。その後，今年（2015 年）で第 5 回目を迎えますが，帝京大学の鎌田和宏先生や元朝暘第一小学校司書の五十嵐絹子さ

んなど,さまざまな方をお招きして,勉強会を続けております。

(4) 新しい図書館の姿

このように,「基本構想」から「基本計画」をつくり,さらには「としょかん未来ミーティング」を通じて,これを具体的なサービスに深めていく「実施計画」というものをつくりました。また,その流れと並行して,このたび,図書館の設計者が決まりまして,ようやく,図書館の姿形が具体的なイメージとして浮かんできました。

新しい図書館は,地域の「公共図書館」ですから,瀬戸内市の郷土資料館的な機能を担うことも重要になります。ただ,私たちには,単に館内に「郷土資料コーナー」というスペースをつくるのではなく,「本と物とを融合して見せていけないだろうか」という思いがありました。じつは,その思いを,今回,設計者である香山壽夫氏が『瀬戸内発見の道』というコンセプト(言葉)で表現してくれたのです。それによって,私たちがやろうとしていることが明確になったと思っています。

具体的に言いますと,瀬戸内市は,古代の「師楽式製塩土器」で知られているところです。また,昭和30年代には,「錦海塩田」という大規模な塩田がありました。たとえば,そういう文化的な歴史を,単に「本」に書いてある情報として紹介(配架)するだけではなく,それを「物」と結びつける。たとえば,図書館の料理コーナーのところに,「塩麹」の料理本と合わせて,「じつは,この瀬戸内では昭和30年代に,こういう特色ある塩田で塩がつくられていたのですよ」と紹介

する。つまり、そういう「時間の堆積」を、日常の暮らしの中で、「じつは、自分たちが住んでいるところに、こういう歴史や文化があったのだ」という、そういった見せ方ができないか。そうすることで、市民のみなさんが、いまの暮らしを見つめ返し、そのことを通して「新たな発見」をつくっていくことができないか、と考えています。

(5) 地域とともにつくる「図書館」

そうやって、いま、新しい図書館の開設準備を進めているわけですが、一方で、現実的には、市としては新病院の建設などもあり、財政的に負担が増えていくという現実があります。そういう状況の中で、いわゆる「箱モノ」という批判的な言い方があります。武久顕也市長は、中身がない施設は、「箱モノ」と言われても仕方がないが、瀬戸内市の図書館は、中身の詰まった施設として育てていきたい、という旨の発言をしています。

そのような状況の中で、地域の市民のみなさんの「図書館がほしい」という思いがあり、また、その思いを原点とした市民の方々の自主的な活動に支えられています。たとえば、お話ボランティアのみなさんの緩やかなネットワークとして「パトリシアねっとわーく」というものがあるのですが、そこの方々が、オリジナルのステッカーをつくり、手売りで販売し、なんと40万円もの収益金を、図書館建設のために寄付していただきました。こういった市民のみなさんの活動によって、まさに図書館は育てられていくのだと思います。

また、さきほどの「郷土の学びをどうつくっていくか」という観点では、「みんなでつくるせとうちデジタルフォトマッ

プ」という取り組みをしています。これは、いわゆるデジタルアーカイブなのですが、単に市が保有している写真をアーカイブするのではなく、市民のみなさん自身で撮った写真にコメントをつけて投稿いただく、というものです。さらには、実際に当地を歩く「フォトウォーク」というイベントを開催しています。このように、できるだけ地域の市民の人たちを巻き込みながら、郷土文化を図書館で育んでいきたいと思っています。

それから、2014年には、移動図書館の活動を広げまして、市内の高齢者施設への巡回サービスを始めました。これは、大活字本や録音図書、絵画集などの資料を持って行くわけですが、それだけでなく、「お話し会」を行い、昔話や紙芝居などをやっています。それと同時に、瀬戸内市にある生活民具などの郷土資料を使って、昔の記憶を呼び戻す「地域回想法」という取り組みを行っています。認知症の予防や進行を抑える効果が医学的にも認められており、福祉や医療の現場でも注目されています。

この活動は、『LISN』という冊子の2015年6月号に書かせていただきましたので、もしご関心がある方はお読みいただければと思います。

(6) 図書館が育てる人、人が育てる図書館

今日は、お手元の資料として、当市の武久顕也市長が書いた「私が新瀬戸市立図書館を公設公営にした理由」(『出版ニュース』2015年4月中旬号所収)という文章を持ってきました。これは当館のホームページにも掲載されています。瀬戸内市がいまこうして、図書館活動をしている大きな土台になって

いるのは，武久市長の町づくりや人づくりに対する考え方が非常に大きいと思います。

瀬戸内市は「人と自然が織りなす　しあわせ実感都市　瀬戸内」を市の基本的な考えにしていますが，このメッセージは単なるコンセプトではなく，「幸せを実感するというのはどういうことか」という哲学的な問いを持っていると思います。もちろん，それは市や行政から「こういうものだよ」という答えが提示されるものではなくて，まさしく，市民のみなさん一人ひとりがご自身の生き方を通して発見していくものだと思います。そうだとするならば，公共図書館が果たす役割はきわめて重いと思います。

そうした中で，竹内先生の『新版』で私どもの活動をご紹介いただき，私自身，感激しました。また，さきほどご紹介した「パトリシアねっとわーく」の方々が「ライブラリの会」という読書会をされているのですが，そこでもみなさんがとても感激された箇所がありますので，そこを読ませていただきます。

「これは，市民の一人一人の思いや期待を持ち寄り，そこから生まれるさまざまな考え方の中に，今まで気づかなかった新しいものを見つけ，その驚きや喜びを共有し，みんなと分け合うことによって，『ここで生きるのだ』という気持ちを示しています。そこからこの図書館の機能や活動が生まれるのです。」(『新版』p.67)

私どもが感激した点は，この中の「ここで生きるのだ」という部分です。普段は意識しないような，生きていることの本質的な意味や意義を考え，そして，「何で私はこの土地のここで生きているのだろう」ということを見つけたり感じたり

する。そのために，図書館は私たちとともにある。だからこそ，「私たちの図書館」を育てていくのだ。というようなことを，その読書会で感じ合った次第です。

(7) 「図書館の中でめざすもの」

 最後に，私なりに，「図書館のめざすもの」，つまり，「図書館の中で市民のみなさんがめざすもの」というものを言葉にしてみました。

 まず，「自分の取り巻く世界を見ようとする目を獲得すること」だと考えています。「自己相対化」ということです。つまり，どんなに困難なときにも，自分と自分を取り巻いている世界をどこか俯瞰しているような，そういう目を身につける。そして，自分が自分自身と世界にかかわろうという意志，「当事者意識」と言ってもいいかもしれません。「オーナーシップ」という言葉も最近使われますが，そういった，自分を引き受ける，自分の存在している世界というものを引き受ける，そして，その世界を見ようとする，かかわろうとする意識です。

 そして，最後が一番大事だと思うのですが，「この先に道があるのだ」というふうに信じることができる精神，これは「生への信頼」ということだと思いますが，「人間社会に対する信頼」，あるいは，「自分自身に対する信頼」かもしれません。

 そういったものを，図書館という場で一人ひとりの市民がめざそう，そして少しでも身につけようということができれば，それが，真に「図書館の中で市民のみなさんがめざすもの」なのではないかと考えています。

 不十分なお話で恐縮ですが，私の方からの話にさせていただきます。ありがとうございました。

写真1-2 瀬戸内市立図書館新館の外観

1.4 報告2 「学校図書館のめざすもの」

●加藤容子（津山市立北陵中学校学校司書）

こんにちは。岡山県津山市の北陵中学校で学校司書をしている加藤です。

学校司書になって30年過ぎたことを再確認して，自分でもびっくりしています。経験が人を育てるといいますが，言葉どおりにはなかなかいかず，学校司書をすればするほど，知識の広さといいますか，図書館資料が持っているものの重さ，そういうものに対して，自分が持っている知識の少なさに日夜愕然としているところです。

30年くらい前，私が司書になった当時，公共図書館の方から，「中小レポート」（『中小都市における公共図書館の運営』日本図書館協会，1963）の話をたびたびうかがいました。そして，「住民が求める資料を確実に提供していく。それが，住民が生きるということにつながっていくのだ」という言葉に感銘

を受けまして，では，学校にある図書館には何ができるのだろうか，という思いが私の中にずっとありました。また，同じ頃に，日本図書館協会の「図書館の自由に関する宣言」を公共図書館の方々とともに学習しました。この二つが私の中では，学校図書館を考えるときの原点になっています。

そのように私は，「学校図書館や学校司書には何ができるのか」という思いを抱えながら学校図書館の現場に入ったのですが，最初の頃は，「利用者の資料要求に確実に応えていこう」という思いばかりがあって，初めて学校図書館のカウンターに立ったときには，あまりの利用者の少なさにショックを受けました。

1日にやってくる利用者は，本好きの生徒，あるいは，教室に居づらい生徒が10人くらいやってくるだけ，そういう日が続きました。「本を紹介して！」とか「こういうこと調べたいのだけど…」という利用者には，なかなかお目にかかれませんでした。ならば，先生方が授業で使う教材を探しにくるだろうと思って，教科書を購入して，私自身も読んで，そして先生方の利用も待っていましたけど，なかなか授業で使う教材を探しに来られる先生は当時少なかったですね。

「どうして学校図書館を利用してくれないのだろう」ということを，半分は不満を感じながら，考えていました。でも，どうしてどうして，と言っているだけではいけないと思い，じゃあ，「図書館がどんなことができるか，ということを学校の中に伝えていこう」というところから，私の仕事がスタートしたのです。

では，伝えるためには何をすればいいか。私なりに，幼い頭でいろいろ考えました。そして，たとえば，昇降口から図

書館まで足跡のシールを貼って生徒が自然と図書館に到達できるようにしたり、それから、図書館の新着便りをできる限り発行したり、学校の校内放送を使って新着図書を紹介したり、また、朗読したりと、一方的なPRですけれど、考えつくことを一つひとつ行いました。

そういうことをしながら、現在の勤務している学校では、ようやく先生方から、「行列のできる図書館」として認識していただけるところまでやっと来たという感じがしています。

(1) 図書館を使ってもらうために

そういうことをする中で、いま感じているのは、図書館の働きを「知らせる」だけでは、利用者が本当に自分のものとして図書館を使うということにはならない、ということです。図書館がしてくれること、たとえば、予約を受け付けてくれる、自分が読みたい本には必ず応えてくれる、レファレンスで知りたいことを一緒に調べてくれる…、そういうところが図書館なのだ、ということを利用者が「知る」というだけでは、利用者は日常的には図書館を使うようにはなってくれないのですね。

そうではなくて、利用者一人ひとりが、「ここの図書館には自分が必要としている資料がある」ということを、「実感する」ことが大事なのだと思います。つまり、「これ、読みたかった本だ!」「この本がもう入っている!」と実感する。また、調べるときに、知りたいと思っていることを図書館員がしっかりと受け止めてくれて、一緒に資料を探したり、一緒に読んだりしてくれる。あるいは、「もっとこういうところを調べてみたらどうかな」とアドバイスをくれる。その結果、「あー、

わかった！」「そうか，そういうことか！」となる。

　そういう，利用者自身が納得できるところに到達することが大事なのではないかと思います。そして，図書館員も一緒になって，「よかったね，おもしろかったね」という気持ちを共有する。そういうことを1回ではなくて，たびたび重ねる。そういう中で，やっと，一人ひとりの利用者が図書館を自分のために使ってくださるようになるのだと思っています。

　だから，図書館利用の始まりというのは，図書館と利用者との信頼とともに，学校司書と子どもたち，教職員との信頼関係というものなしには成り立っていかないなあ，ということを感じています。

(2) 学校図書館のめざすもの

　さて，「学校図書館のめざすもの」についてですが，私はいま，三つのことを考えています。

　一番基本的で大事なことは，「学校図書館があることで，学校教育が充実する」ということです。でも，どういう状況が「充実する」ということなのだろうかということは，私の中ではまだまだ答えが見つかっていません。

　ただ，一つ思っていることは，学校というのは一斉授業で，一つの「教科書」を使って，授業を進めていきます。教科書というのは，生徒が学びやすいように，先生が教えやすいように，と知識が凝縮されて書かれています。ですので，先生方は，教科書の後ろにある広い世界と子どもたちをどう結びつけていけばいいかを日々考えておられます。そういうことが，「学ぶ」ということだと思いますが，これをするために，先生方は，子どもたちの知的好奇心を揺さぶりながら，伝え

ていこうという創意工夫を重ねておられます。ですから,そういう子どもたちの知的好奇心を揺さぶる資料を,先生方が探しに来られたときに,どれだけ学校図書館が的確に提供できるか,これがとても重要だと思っています。

教科書は一つですけれども,先生の教え方は先生によってさまざまです。つまり,どんな教材を使って教えるか,どういう方法で教えるかというのは,教育の自由であって,先生方一人ひとりが工夫できるわけです。その部分を,いかに図書館が応援できるかが大事だと思っています。

もちろん,いま,ともすれば,学習指導要領が先生方にとって縛りになっていて,学習指導要領にうたってあることを確実に授業の中で教えていかないといけない,そういう雰囲気が学校の中にはあります。創意工夫に富んだ先生方の個性的な授業ができにくいという声も聞きます。だけど私は,学校図書館にいろんな資料があったら,そういうことを飛び越えて,先生方が自分の持っておられる得意分野を活かしながら,資料とともに子どもたちに伝えていくことができるのではないかと思っています。

また,「学校教育を充実させる」というときに大事なことは,単に教えるということだけではなく,子どもたちが授業を受けることにより,自分でものを考え,その学んだことが,自分で立派な自分をつくり上げるというか,なりたい自分というか,つまり,自己実現ということに結びついていくような「学び」があることだと思います。そういうことが教育の根底にあったとき,「学校教育が充実した」といえるのではないでしょうか。そういうものを学校の中の学習でつくっていかないといけないなあと思います。いま,そういうことを,図

書館教育の研修の中で先生方とも議論しているところです。

それから,「学校図書館のめざすもの」の二番目としては,学校生活の中で子どもたちが学んだことを,よりよい「生き方」につないでいくことができる,そういう学校の中の空気というか雰囲気づくりではないかと思います。それは,学校図書館の活動を積極的に行っていく中で,知識や教養を尊重する学校の気風のようなものが学校の中で生まれ,共有できるのではないか,と考えています。

そして三つ目としては,すべての子どもたちが,図書館を利用したり,読んだり調べたりする中で,自分自身の好きなことや,得意なことに気づき,それを子どもたちが本来持っている力を引き出し,その本来持っている力を支えにして,自分の力を発揮することができる。本来,本を読んだり調べたりすることは,そういう結びつきを生み出す力を持っていると思いますので,学校図書館の活動でそういう結びつきをつくっていければいいな,ということを考えています。

(3) 図書館が「人と人」を結びつける

冒頭で申しましたが,私は,学校図書館の最も大切な仕事は,子どもたちや教職員が求める資料を確実に提供することだと思っています。一方で,その大変さを本当に日々感じています。そうした中で,もちろん自分自身も資料を知るための努力はしていきますけれど,やはり学校司書同士の協力がとても貴重で大切だと思っています。いま本当にありがたいと感じているのは,津山市立図書館や岡山県立図書館が,学校図書館を支援してくださる点です。

じつは今年（2015年）の夏,津山市立図書館と津山市教育

委員会の主催で「調べる学習コンクール・見つけよう津山の魅力」という,「調べる」ことをテーマにした行事がありました。これは,「調べる」ということを学校や市立図書館で行おうというものです。そして,「調べ方」についての研修会もありました。これは,子どもたちを対象にしたもの,学校司書を対象にしたもの,学校の教職員を対象にしたものがあり,いずれも,図書館の使い方を通して「調べる」ことのやり方を教える研修会を手厚く開いていただいたのです。

そしてそこでは,資料と利用者を結びつけるだけではなくて,資料をつくった人,研究している人,知りたいということの対象に詳しい人と利用者を結びつける。つまり,「資料と人」だけでなく,「人と人」を結びつける講習会を行ってくださいました。それによって,いま学校図書館は,地域の人,いろいろなことを知っている人,あるいは,技を持っている人,そういう人たちともつながって学びを広げていくことができています。

こういうことを考えながら,これから先,学校図書館の働きをさらに追究していきたいと考えています。ありがとうございました。

1.5 報告3 「市民が求める『図書館のめざすもの』」

●**濱田幸子**（図書館友の会全国連絡会）

こんにちは。図書館友の会全国連絡会の濱田と申します。よろしくお願いいたします。

私たちは,「全国連絡会」とあるように,自分たち自身ではけっこう全国区になったかなと思っていたのですが,どうも

そうではないらしく，まだまだ知らない方が多くいらっしゃるようです。そこで，ここでは，はじめに私たちの活動内容をご紹介して，その後に，「私たちの図書館宣言」についてお話ししたいと思います。

(1) 図書館友の会全国連絡会とその活動

　私たちは，図書館友の会全国連絡会，略して，「図友連（とともれん)」と言います。私たち図友連は，2004年4月に発足しました。それ以前の2003年の活動内容についても，ホームページに記載してありますので，ぜひご覧ください（http://totomoren.net/）（http://totomoren.net/oldsite/katsudo.htm）。

　そのページには，発足以前（2003年）の活動状況として，次のように書かれています。「指定管理者制度が法制化し，『民間でできるものは全て民間へ，例えば図書館など』と名指しで図書館の民営化が推奨されるような状況になり，自治体のみならず，国の図書館政策に当事者である住民の声を直接届けるには，全国レベルの友の会が不可欠，との思いで，図書館友の会の全国組織への模索が始まりました」と。

　このような背景と思いがあり，私たちは翌年2004年4月に発足しました。現在（2015年10月1日）では，会員数が203会員（団体会員81，個人会員122）と大きくなっています。個人会員には，図書館員の方のほか，元図書館員の方や図書館に関係や関心のある方々も多く入ってくださっています。

　私たちのキャッチフレーズは「手をつなぎ　図書館支える図友連」です。また，活動の柱は，後からお話しします，「私たちの図書館宣言」の実現です。

　活動内容としては，毎年5月に年1回，総会を開いていま

す。そこで，活動内容や運営委員を決めます。また，毎回ではないのですが，「学習会」を開いています。昨年（2014 年）の学習会では，産業技術総合研究所主任研究員の高木浩光氏をお招きし，「ビッグデータってなに？？？」というテーマでお話をうかがいました。そのときの動画は，図友連のホームページに載せてありますので，ご覧ください（http://totomoren.net/blog/?p=424）。

それから，これは全国組織だからできることだと思うのですが，2006 年より文部科学省と総務省への「要望書」を毎年提出しています。これまでは 10 項目くらいの要望書を提出してきました。また，それに伴って，国会議員に協力を要請するために「要請行動」というものを行っています。2014 年は 271 名の国会議員を回りました。

この要請行動を行っている中で，ある議員の方から「議員会館の中で図書館の勉強会を開いたらどうですか」というアドバイスをいただきました。そこで，図書議員連盟，子どもの未来を考える議員連盟，活字文化議員連盟の 3 団体の協力を得て，議員会館での院内集会として「図書館の振興と発展を願う懇談会」を開催しました。2009 年，10 年，11 年のことです。第 1 回目の 2009 年 11 月に開いたときには，竹内先生に基調講演をお願いしました。そのときは 16 名の議員と 40 名の秘書，一般の方も合わせて計 160 名以上が集まり，半分くらいが立ち見となるほどの盛況でした。

それから，毎年恒例となりつつありますが，日本図書館協会の全国図書館大会で「市民と図書館」というテーマでの分科会を担当しています。昨年（2014 年）の大会では，「図書館協議会」をテーマに分科会を開催しました。そこでの報告内

容から，図書館協議会の重要性を再認識したため，今年度（2015年度）の文部科学省と総務省への要望書は，「図書館協議会を必置とする法改正の要望書」という，図書館協議会一点に絞って提出いたしました。

また，同時に，今年度の要請行動では，「図書館協議会」をテーマに，文部科学委員会委員と文教科学委員会委員の69名に対して要請行動を行いました。これを行ったことによって，2015年6月16日，参議院文教科学委員会において，民主党の那谷屋正義議員が図書館協議会について質問をしてくれました。文部科学委員会において図書館協議会のことが出たのは初めてのことのようです。

それに対して，下村博文文部科学大臣が，「図書館行政のビジョンを示すとともに，図書館協議会に関して実態調査を実施し，好事例を自治体に提供するとともに，設置促進と活性化を図りたい。図書館協議会の必置化については，実態を踏まえた十分な検討が必要である」という答弁を行いました。

また，各地の団体などで，「要望書」，「意見書」，「声明書」，「質問書」なども提出しています。近々の例としては，小牧市長にあてて，「武雄市をモデルとした新図書館建設の再考を求める要望書」を提出いたしました。これは，みなさんもご存じかと思いますが，10月4日の住民投票の結果，反対多数となり，市長から「もう一度考え直す」という発言がありました。

以上，これら図友連活動については，お手元のリーフレットを開いていただいた下の枠の中に入っています。後はホームページの方に詳しく載っていますので，ぜひホームページの方を開いていただければと思います。

(2) 「私たちの図書館宣言」

では次に,「私たちの図書館宣言」についてお話しします。今回,竹内先生の『新版』でご紹介いただき,私たち会員の中でも,「ほんとにうれしいね」という喜びの声が飛び交いました。竹内先生,ありがとうございます。

さて,この「私たちの図書館宣言」ですが,これの一番の元となったのは,私たちの会の前代表の佐々木順二さんが 1994 年 12 月に『みんなの図書館』に発表された「図書館の権利宣言」です。それをベースに,佐々木さんが代表を務められていた 2008 年度の総会で「宣言案」が提示されました。その後,運営委員を含む 16 名の起草委員会の場での議論・検討——文言の内容はもちろんのこと,最後は,声に出してスムーズに読めるかということも検討しました——の結果,2009 年度の総会において,「最終案」が採択された次第です。

この,「私たちの図書館宣言」の目標は,「図書館のあるべき姿を確認し,広く一般の人々や関連団体,関係者,たとえば,マスコミや行政や議員や協議会に知ってもらうこと」です。また,特に留意した点としては,下記のようなことがあります。それは,

・図友連として妥協することはしないで,図書館のあるべき姿を提示する
・すべてを網羅しようとせず,方向性を示す
・なるべく簡潔に,わかりやすい言葉で述べる
・会員から出た言葉のすべてを検討し,採否においてはその理由を明確にする
・この宣言文が各地の組織を縛るわけではなく,地域の実情や会の特性を活かした独自の宣言文の作成のベースになる

ものとする
ということです。

また,「宣言」としたのは,図書館像を内外に示すためです。また,「私たちの」という私たちは,図友連会員に限るものではなく,すべての人を指しています。

この宣言文ができた後に,これに対する「解説文」が必要ということになりまして,解説文をつくることになりました。それが「宣言」の裏に書かれてあります。これは2010年度総会で案が出され,1年間の検討の結果,2011年度の総会で採択されました。

この「解説文」をつくる際に気をつけたことは,何といっても,宣言文の裏ページ（A4, 1ページ）の中に納まるものにしないといけないということでした。あまり長すぎてもダメですし,短すぎてもダメ。なるべく簡潔でわかりやすい文章ということで,この裏に納まる文章に集約しました。けっこう,大変でした。ぜひ,読んでみてください。

(3) 私たちのめざすもの

最後に,「私たちのめざすもの」についてお話しします。

私たちのめざすものは,あくまでも,「私たちの図書館宣言」の実現です。ここに書かれていることは,どれをとっても,図書館としては基本中の基本です。でも,実現されていないことも多くあります。ですから,これを実現することが,私たちのめざすものです。

じつは,これを実現するために,「市民の図書館評価」というのをつくりました。まだ,完全にできているわけではなく,案の段階です。

これは,「評価」と言っても,「評価する側」と「評価される側」に分かれるものではなく,「市民と図書館職員がよりよい図書館をつくっていくために」つくったものです。また, 各地域でこれをそのまま使うのではなく, これを参考にして, 地域に合わせてつくっていけばいいと考えています。

　具体的には, この「図書館宣言」の各項目について, 一つずつ評価する項目があります。まだ統計を取るところまでは至っていませんが, 今年度一度試しにやってみて, その結果を検討して, 今年度か来年度に, 正式な「図書館評価」ができたらいいなと思っています。

　以上で, 図友連の発表を終わります。ご清聴, ありがとうございました。

1.6 フロアトーク

●小池

　それでは, ただいまからフロアトークの時間に移ります。フロアにいらっしゃる方々から, 多くの質問をいただきました。この時間内ですべてをご紹介できないのは申し訳ないのですが, いただいたご質問はすべて報告者の方々にお伝えしますので, それぞれの方々の活動やご発言の中で活かされるものと思っています。

(1)　図書館関係者との交流
●小池

　では, さっそく最初の質問です。「他の図書館関係者と交流する機会はどのようにして設けられていますか?」これは,

さまざまな館種や図書館に直接間接にかかわっていらっしゃる方々と議論や交流をする場や機会を，自分から積極的につくり出すために，どのような活動や取り組みをされていますか，ということだと思います。まず竹内さんは，いかがでしょうか。

●竹内

　私は，ここ3年ほど，さまざまな図書館関係の方々と，ランガナタンの本を使った「読書会」を行っています。これは，『図書館の歩む道―ランガナタン博士の五法則に学ぶ』（日本図書館協会，2010）と『「図書館学の五法則」をめぐる188の視点』（日本図書館協会，2012）を読み合う会なのですが，メンバーには公共図書館の人だけでなく，大学図書館や学校図書館の人も参加しています。みなさん，図書館での経験が20～30年以上あって，図書館長の方も何人かいます。そういう読書会というのが，私が一番勉強させられる場所ですね。

　具体的にどうやっているかというと，私が，毎回，その人たちに「宿題」を出します。それは，事前に本の該当箇所を読んで，1）そうだそうだと，共感したところ，2）いや，これはどうもうまくないよ，という反対意見，そして，3）じゃあ，自分ならこうするよ，の3点をA5の紙1枚に簡潔にまとめてもらう，というものです。それを，読書会の1か月前までに私あてに送り，私が一つひとつ読んで，内容を整理します。紙上討論会みたいなものです。そして，その結果を，読書会の1週間前に，各メンバーの自宅に郵便で送ります。この「郵便で」というのが目玉なんです。メールだと，読まないんですよ。「え，届いていましたっけ？」と言われてしま

う。でも、郵便だと、「物」が目の前にどさっと届きますので、読まざるを得ないわけですね（笑）。

　読書会当日は、それを話題にして、みんなで話し合います。経験豊富な方々なので、広い内容の意見が集まってきます。そして、「これは、みんなで考えなければいけないな」という話し合いにつながっていきます。たとえば、私たちは、一般的に、参考図書は「参考図書室」という1か所に集めて、安心した気になっている。でも一方で、ある種の参考図書は主題区分をして書架に入れる方がいい、という意見もある。本来はどちらがいいのか、利用者にとって便利なのか、というようなことを考えます。みんなで意見を出し合うのです。

　じつは、この読書会をやっていて気づいたことがあります。読書会では2冊の本を読んでいるのですが、1冊目の『図書館の歩む道──ランガナタン博士の五法則に学ぶ』は、ランガナタンが自分自身の考え方を説明している本です。私は、もしランガナタンが日本語ができて、彼が日本語でこの本を書いたらどんな内容になるだろう、などと考えながら読みました。そして、もう1冊の『「図書館学の五法則」をめぐる188の視点』は、ランガナタン自身の考えではなく、それを読んだ読者が読者自身の立場から、自分自身の仕事に対する考え方や感想、疑問をまとめたものです。正直言いますと、最初はこれが売れるとは思っていませんでした。でも、実際は多くの方に読んでいただき、2刷が出ました。

　このことを通して私が学んだことは、本を読むということは、読者が本を読んで著者の考えに共鳴したり批判したりすることだけでなく、それを読んだ読者の声を集めて、それをまた著者に返すことができたら、どんなにおもしろいことか、

と思いました。そして、それを推進する要として、図書館がその役割を担えるのではないだろうか、ということです。

1冊の本をつくるには、さまざまな人がかかわります。いろいろな関係者がいないと、本をつくることはできません。具体的に言うと、「著者」の考えをどういう形にすれば一番いい形で届くか、ということを考えるのが、「編集者」ですね。そして、その編集者の考えたことを紙の上にどう表すかを考え、紙の色や手触りからインクの色までを考えて印刷するのが、「印刷業者」です。さらに、その本を使いやすい形にする、つまり、本を読むということは著者と対話をすることですが、そのときに、本を読んでいるという意識さえ忘れてしまうような本をつくる、それが「製本者」です（じつは、いまこの部分が一番危なくて、開くとぱくっと裂けてしまうような本が多いですね。本というのは本来、そういうものではないはずなんですが…）。さらには、できあがった本を読者に届ける流通にかかわる「取次会社」や「書店」の人もいます。もちろん、私たち「図書館」も、この流れの中にいるわけです。

私は、この流れが一方向だけで終わるのではなくて、サイクルにつなげることができればいいな、と考えています。それが、先ほどお話しした、「読者の声を集めて、それをまた著者に返す」ということです。そして、その中心的役割を図書館が果たすのではないか。つまり、大事なことは、「図書館関係者と交流するにはどうしたらいいか」を考えるときに、この「関係者」には、このサイクルにかかわるすべての人が入るのではないかということです。それが、私たち図書館関係者が交流する上での、一番理想的な形ではないかと思います。

イギリスのストーリーテラーで、児童図書館の開拓者とし

ても有名なアイリーン・コルウェルさんが来日したときのことです。この方が日本に来て非常に驚いたことがありました。それは、「日本の出版社は子どもの本を出版するときに、図書館員の意見を聞いていない」ということでした。ところが、それに驚いたコルウェルさんを見て、日本の出版社が、それ以上に驚いた。そして、「そんなことをして、図書館員の意見を聞いて、ライバルの出版社に企画を持って行かれたらどうしますか」と言ったんだそうです。「しかし、それでいいのか。本当に子どもたちのためによい本を出すために出版社があるのではないか」というのがコルウェルさんの考えで、「だから、イギリスの出版社は図書館員の考えを大事にして出版するのだ」と言われていました。日本もそうなるといい、と私は思います。そのことを、いまのご質問のお答えにさせていただきます。

●小池

ありがとうございました。読書会の詳しい手法については、『「図書館学の五法則」をめぐる188の視点』にも書いてありますし、『みんなの図書館』の2013年9月号にも実践事例の報告（※）が載っていますので、詳しい内容をお知りになりたい方は、そちらも併せてご覧ください。

※『図書館の歩む道』研修会 「『図書館の歩む道 ランガナタンの五法則に学ぶ』研修会（読書会）を実施して」『みんなの図書館』2013.9. no.437, p.19-28.

●嶋田

私の方からは、私自身が日常の仕事の中で具体的に交流し

ている事例を，いくつかご紹介します。

　まずは，「日本図書館研究会」や「図書館問題研究会」などで開かれるイベントや学習会には，できるだけ行くようにしています。最近では，フェイスブックなどで，図書館だけでなく，本にかかわるさまざまなイベントや学習会，ワークショップなどの情報が発信されていますので，そういうところに出向いて行くことも，出会いとして大事かなと思います。

　ご質問では，「図書館関係者」との交流ということでしたが，私自身は，図書館業界以外の方との出会いの機会も積極的につくるようにしています。

　たとえば，最近，図書館員にも，人と人を結びつける「ファシリテーション能力」が必要とされていますが，そういうスキルを身につけるための「ファシリテーター養成講座」などに参加します。図書館業界外の人たちの話を聞いていると，「これは，図書館で使えるな」と思えることも多々ありますね。

　さらには，さまざまな学会にも参加しています。私が参加しているのは，「日本展示学会」や「地域活性学会」などです。しょっちゅう行けるわけではないのですが，たまに行くと，図書館の常識が非常識だとわかったりして，新たな発見や学べることも多くあります。

　あと，インフォーマルな場としては，地元の方々と「図書館ヨコの会」という会をつくっています。これは，月1回の単なる飲み会でもあるのですが(笑)，図書館の人だけでなく，出版社や書店の方々，学校司書の方などが集まって，横でつながっています。

●加藤

　私の場合，学校図書館ですので，教職員という，図書館関係者以外の人たちとのつながりが日常的にあります。私の学校には，週1回，教職員の研修の場があり，その中に「図書館教育」という研修テーマを入れていただき，そこで，先生方と討論をしています。

　そこで思うことは，やはり，ざっくばらんに話す機会がとても大事だなということです。研修会は放課後に行われるのですが，先生方は校務や部活などがあって，みんなで車座になって話せるのは，夜の8時くらいからになります。

　その中でいまやっていることは，『民主主義』という，戦後すぐに出された教科書を先生方と読み合っています。そして，いまの教育と比べてどうだろうか，とか，授業で取り上げた例があれば，そのときの子どもたちの反応はどうだったのか，ということを話し合います。そういう時間を大事にしています。

　あとは，学校図書館としては，小学校から中学，高校まで，校種を越えた学校司書のネットワークがありますので，そこで，勉強会や研究会の機会を定期的に持っています。また，学校図書館に入ってくださっているボランティアの方との接点も大事にしています。ボランティアの方とは，読み聞かせの本を読み合ったり，昔話の比べ読みをするのですが，そうする中で，「子どもたちの成長にとって悪い影響がある本があるんじゃない？」とか「よい本をもっと入れてほしい」とかという声があったり，「じゃあ，よい本って何だろう」という議論になったりします。

　また，公共図書館の方とは，定期的な研修会がありますの

で，そういった研修会にできるだけ参加するとともに，資料を借りに行ったときには，いつもカウンターでいろいろな話をさせていただいております。

●濱田

　私ども図書館友の会の場合は，会に集まっている方々は，図書館の関係者の方に限らずいろいろな職業の方がいます。もちろん，学校図書館の方や大学図書館の方もいますし，学校で教えている先生方もいます。さまざまな業種の方々がいますが，共通する点はみんな「図書館が好き」ということです。そういう人たちとの交流を，毎年の総会のときに行ったり，日常的なメールのやりとりで行っています。

●小池

　ありがとうございます。いろいろな関係の中でつながりをつくって，それを積極的に活かそうという思いがあることがまずは大事なのかなと思います。

(2)　新たな電子機器と「読書離れ」
●小池

　では，次の質問です。さきほど，竹内さんのお話の中に，読書はいまや「特別なこと」から「当たり前のこと」に変化した，というお話がありました。そうした中で，いま，中学生や高校生の読書離れも大きな課題になっています。その大きな要因の一つとして，携帯電話など便利な機械やツールの発達もあるのでしょうが，それらに対応するにはどうしたらいいか，ご意見があればうかがいたい，とのことです。

●竹内

　私は，基本的には，新しい機械やツールというものは，いままでにはない新しい可能性を開いてくれるものだと思っています。

　たとえば，電子媒体で読書ができるようになれば，離島に住んでいる人も容易に読書ができるようになるでしょう。また，遠洋航海に出る人も，本をたくさん持って行く必要がなくなる，ということもありましょう。さらには，世界には紙の生産量の少ない国もあります。出版業が成立するほどの人口がいない国もあります。そういう国では，自分の国のことを教えるのに，他の国の教科書を使って勉強しなければならない。出版物はいちいち輸入しなければならないのだそうです。そうしたときに，電子媒体を使った情報の生産が容易にできるのは，とてもよいことなのではないでしょうか。

　ただ，そこで，電子媒体を使って容易に知り得たこと，わかったと思ったことが，それだけでいいのか，という問題があります。つまり，知り得たことの「次の世界」がある。知識は表面的なものだけでなく，深さや広さがある，ということを知ることが大事だと思います。そして，それを知ることができるのが図書館なのではないかと思うのです。

　歴史的に見て,「インフォメーション・エクスプロージョン（情報爆発）」という時代は，いままでにも何度かあったのだと思います。情報があまりにたくさんあって，どこをどうしたらいいか，何から手をつけたらいいかわからない，という状況です。知識が増えて，優れた学者の頭脳でも記憶しえなくなった。そこで紀元前後にあらわれたのが「百科事典」や「類書」という新しいツールでした。6世紀のローマ法編纂

も同様でしょう。

　つまり，従来に比べて情報があまりに増えすぎて，どうしても手におえなくなる時代が来て，それに対応する手段として，新しいツールや整理方法がつくられたのではないか。そして，情報が溢れ人々の考えが多様化する中で，筋道を立てて物事を調べること，また，深く突っ込んで調べることの拠り所となるのが，図書館の存在意義なのではないでしょうか。

　ですから，便利に使えるものは，われわれの生活をおもしろく展開するわけですから，どんどん使っていい。と同時に，われわれ自身も，自分の思考をますます深めるようでありたい。そのために，本があり，図書館があるのだ，ということなのではないかと思っております。ですから，機械やツールだけになってしまうと心配はしますけれども，それらが出てきたからといって心配するよりも，賢く使おうよというのが，私の基本的な考えです。

●小池

　ありがとうございます。では，次に，実際に中高生世代と日々向き合っている加藤さんは，この若者の「読書離れ」の問題を，どう考えていらっしゃいますか。

●加藤

　「読書離れ」ということが言われて久しいのですが，実際は，読む子もいれば読まない子もいる。読む子もいろいろな本を読んでいる，というのが現状ではないでしょうか。一言では言えないんですね。

自分自身のことを考えてみると、自分にとっては、「読書」というものが一つの支えなんです。「いろいろなことを知りたい」という思いがある中で、読書から得られる指針とかおもしろみとか、そういうものがあるから、そして自分はそれを実感するから、読んでいる。でも、いまの学校現場では、「読書をすることが学力向上につながる。だから、読書をしなければならない」ということが声高に叫ばれています。でも、それはとても短絡的なのではないか。そういう、上からの「みんな読書をしなさい」というやり方ではないやり方があるのではないか、と思います。

　やはり、読書って、読んでおもしろいと思ったときがスタートだと思うんですね。「読みなさい、読みなさい」と、上から何百回も言われて、「仕方ないなあ。読まないといけないのかなあ…」と心が動くことはあるとは思いますけど、それは本当の読書のおもしろみではないような気がします。そうではなくて、本当の読書、つまり、「読んでおもしろい」、「心が動く」という経験を子どもたちにしてもらうには、どんなことができるかなあ、ということを日々考えています。そういうことを考えながら、「ブックトーク」や「読書案内」、「朗読」や「読み聞かせ」など、いろいろなことを行っているところです。

　先日、教職員の勉強会があったんです。そこで、「子どもたちはどんな本を読んだらいいか」という話題になりました。集まった者で何冊か挙げたんですが、具体的には、イソップ物語とかグリム童話、夏目漱石とか森鷗外という本が出てくるんですね。そこで、「じゃあ、先生方、最近ご自身で読んでおもしろくて、これは子どもたちに伝えたいなあ、という本

はどんな本がありますか」と聞いてみたら,「う〜ん,最近,本読んでいないなあ」と言われるんですね。

やはり,まずは「読んで,自分が楽しむ」。それから,「あぁ,この本はほかの人にも読んでもらいたいな」と思う,そういう活動がとても大事だなあ,というふうに思います。

あと,私が思うことは,子どもたちの読書離れの一番の原因は,「何事にも無関心」ということではないかと思います。何事にも関心がなかったら,知りたいという欲求も起こりませんし,もっとよくなりたいという思いも湧きません。だから,「子どもたちの無関心との闘い」というのが,私の図書館活動の一番大きなウェイトを占めています。

●小池

ありがとうございます。加藤さんが言われたことは,「ヤングアダルトサービスをどう考えるか」ということにも関連することではないかと思いますが,そのあたりのことは,嶋田さん,いかがでしょう。

●嶋田

公共図書館の利用統計を見てみると,一般的な傾向として,13歳を境に貸出冊数が落ちるんですね。でも,実際には来館しているのですね。たとえば,自習室のある図書館では,この世代が多く利用しています。もちろん,このあたりのことは意見が分かれるところで,基本的に図書館は自習するところではないかもしれません。でも,私としては,これを,忙しい中高生が図書館に足を運ぶ貴重な機会として大事にしたいと考えています。そのため,小さいことではありますが,

牛窓図書館のささやかな自習室にお薦め本を面出しするといったことをやっています。

また，ヤングアダルトコーナーのライトノベルを充実したり，最近では，先ほどお話しした「としょかん未来ミーティング」の子ども編，といったことも行いました。未来の図書館について，小学生，中学生，高校生のみなさんから意見をいただくという場です。その中ではもちろん，「読みやすいライトノベルを多く置いてほしい」といった声も多いのですが，私は，結果として，彼らに「ああ，こういう世界があるんだ」という「世界を見る関心」を持ってもらえるといいと思っています。そのときに，「本」と実際の「物」を結びつけることが効果的だと思うんですね。

それは，たとえば，最近，ビールが飲める書店である「本屋B&B（BOOK & BEER）」が注目を集めたり，古くは，遊べる本屋をキーワードとしている「ヴィレッジ・ヴァンガード」があったりと，「本」と「物」を結びつけることを通して，トータルとしての関心を高めるということは，図書館でも，たとえば，「本」と「地域の文化財」を結びつけるなど，いろいろ活用できると思います。

そういう活動の中から，図書館の本に書かれている世界により深く関心を持ってもらいたい，と考えています。そういうことを，ぜひやっていきたい。

さきほど，加藤さんがおっしゃった「無関心が読書離れの原因になる」ということが，とても印象深かったのですが，もしかしたら，そのことにより，人間社会に対する信頼感も薄まってしまうかもしれない。ですから，少し大袈裟かもしれませんが，「いろいろなことに関心を持つことで，人間社会

に対する信頼を高めること」が，もしかしたら，ヤングアダルトサービスの究極的な目標なのではないかと思います。

●加藤

　子どもの中には，学校の図書館で本を借りない子もいます。でも，そういう子どもたちにとって，学校図書館がなくていいか，というと，決してそうではないんですね。本は借りないけど，図書館にはしょっちゅう来る子もたくさんいます。

　うちの中学校では，毎朝10分間の「朝の読書時間」があります。そのとき，子どもたちに，何を読んでいるのと聞くと，「携帯小説を読んでいるよ」と。「携帯小説っておもしろい？」と聞くと，「おもしろい，おもしろい。アッと言う間に読めるから」，「1日に1冊は読んでいるから，かなり読んだよ」と，そういう話をするんです。私は，子どもたちがおもしろいという本は，できるだけ自分も読んでみようと思っているんです。実際には，なかなか追いつかなくて，私の枕元にはいつも携帯小説とライトノベルが「積読」になっていますが…。

　よく，「よい本，悪い本」，「中身がある本，ない本」，「完成度が高い本，低い本」というように言われるんですが，私は，本を評価するのはなかなかできないですね。私が司書になった頃は，氷室冴子，新井素子，星新一，赤川次郎などの著書は，「学校図書館にこんな本があってはいけない」と，校内で議論をしたものです。いまでは，そんなことはないですよね。もともと，読む人によって感性が違うわけですから，「これを読みなさい」というのはどうかなあという迷いがあります。

　子どもたちは，そういう「よい本，悪い本」というのを飛び越えて，自分のアンテナに響いたものを自然と吸収してい

くんですね。ですから,良し悪しで押しつけるのではなく,自分が読んでおもしろかったよ,というのをお互いに紹介し合ったりして,お互いがおもしろいと思う本を読み合ってみるということが大事だと思っています。漫画であっても,イタリアを舞台とした漫画を読んでいる子などは,図書館にある資料を使って,ヨーロッパの歴史上の人物をすごく調べています。ですから,普段は動かない本がびっくりするくらい動くことがあるんですね。

そういうことが自然と起こるということを信じて,私自身,おもしろがりながら,子どもたちの読書と付き合っていきたいなと思っています。

(3) 図書館と「時間」,運営主体
●小池

ありがとうございます。最後に,いただいたいくつかの質問からヒントを得て,私から聞いてみたいことがあります。それは,「時間」の大切さについてです。

竹内さんは,よく,「図書館は"時間"を越えていく存在だ」とか,「図書館が変わるためには"時間"がかかるものだ」というお話をされます。そういう話を聞いていると,私は,いまの時代は急ぐことが求められる時代で,スピードが重視されていて,急がなければならないことも多いかもしれないけど,でも,そうじゃないところに何か大事なものがあるのではないか,ということを,考えることがあります。

そうしたことを踏まえた上で,かなり強引かもしれませんが,いただいた質問に,「指定管理者」に関するご質問が多くあるのですね。それを読んでいて,ふと,「指定管理者」とい

う制度や仕組みを考えたり，それをよりよくするためには，この「時間」がキーワードになるのではないか，と感じたのです。そこで，「指定管理者制度」というもの，つまり，それは「図書館の運営主体をどう考えるか」ということだと思いますが，それを「時間」という観点から考えてみたいと思うのですが，いかがでしょうか。

●竹内

いま，最初に「時間」ということを言われて，そしてそれが，突然，「指定管理者制度」ということにつながって，びっくりしたわけですけれど（笑），でも，考えてみると，その関連は確かにあると思うんですね。

たとえば，昔の図書館というのは，入口に黒い上っ張りを羽織った怖いおじさんかおばさんが座っていて，入っていくと，「何しに来た？」という感じだったんです。また，明治時代には，本を貸出すことを「宅下げ」と言っていました。つまり，お上のものを下に下げてやる，という意味です。

そういう図書館が当たり前の時代であれば，図書館に入ったときに，「おはようございます」と言われたら，それは，うれしいでしょう。でも，そういうレベルのサービスではなく，もっと深いところでの本質的な図書館サービスというものには，「時間」の蓄積の問題が，とても重要だと思うのです。

図書館司書の人というのは，資格をとった直後が一番元気がいいんですね。でも，いくら元気がよくても，本を探しにきた人が何を言っているのか十分に理解できない。3年くらい経つと，ようやく，少しずつ何を言っているのか，どのような本を欲しているのか，がわかるようになる。さらに，「あ

あ，この人，わかっているな」と思ってもらえるようになるには，最低でも15年はかかると思います。図書館の仕事は，そういうものだと思います。だから，そういう「時間」の蓄積による仕事が，経験の少ない民間会社に本当にできるのだろうかと思います。

　つまり，図書館に来た人が求めているのは，「自分はこういう本を探したいんだ」ということをわかってもらえる人なんです。ですから，大学図書館の場合は，ある程度，研究者でなければいけないと言われます。さらに公共図書館の場合は，もっと幅広い人を相手にして，その一人ひとりと適切な資料とを結びつけることは，じつに大変な仕事なんですね。だからこそ，「時間」をかけて自分をつくり上げるということが，必要なんです。そのような，時間の蓄積のない人は，単なる「便利屋さん」なのであって，それで3回くらいはもつかもしれないけれど，その後は図書館に来た人から「あれでは困ります」と言われてしまうでしょう。私は，そう考えています。

　それはなぜかと言うと，そもそも本というものは，理屈で組み立てられたものではないからです。書物というものは，自然科学的な法則によって機械的につくられるものではありません。先ほども申し上げましたように，まず，「著者」の思いや考えがあります。それを本に仕立てるというのは，「編集者」の考えです。そこに，「紙」だとか「インク」だとか「製本材料」とかという，さまざまな「物」の性質をうまく活かして，ようやく本というものができあがる。本とは，理屈を越えた多様な過程を経て"生み出される"ものなのです。

　著者の書いたことを，読者がいっぺん読んですぐに理解で

きるかといえば、できませんね。不思議なもので、本というものは2回目に読むと違うものに思える。3回目に読むと、まったく新しい本に思える。だからこそ、本のことがわかるには、「時間」がかかるんです。私は、3回続けて読んでなお学ぶことがある本は名著だと思います。3回続けて読んで名著だと思う本は、5回読んでも、10回読んでも名著です。

　図書館員として一番苦しい仕事はここにあるのではないか。つまり、「何かいい本ありませんか」と図書館に本を探しに来た人、その人自身にとって"よい"本を探し出すのが、図書館司書の仕事です。しかも、それを根掘り葉掘り聞くのでなく、できるだけ短い会話の中でその人の言いたいことをキャッチして、その人と最良の本を結びつける。その能力というのは、「時間」をかけて自分自身で見つけるしかないのです。それは、まさに「この仕事を通して人様のために働くのだ」という覚悟が必要です。そして、それは、「本」というものの本質、もっと広く言えば、「知識」とか「情報」の本質を知ってはじめて、できるものなのです。

　そのためには、まず、それが「どこにあるか」を知らなければなりません。ですから、図書館員は、「知識」や「情報」が物として存在する場所を知るための「地図」に詳しくなければならない。それが、書誌や目録です。そういうものを一つひとつ詳しく知るというのは、時間をかけなければできないことでしょう。

　図書館が、本を集めて、貸出をするだけの場所であれば、誰でもできます。時間の蓄積のない民間の会社でもできるでしょう。でも、図書館というのは、本というものを人から人に「手渡す」というところに大きな意味があると、私は思い

ます。しかも，あれこれ聞くのではなく，さらっと渡すことができなければならない。難しいですね。それは，「時間」をかけて身につけるしかないことだと思います。

●小池

　私が強引に結びつけた質問にもかかわらず，的確にお答えいただき，ありがとうございます。では，嶋田さんはいかがですか。

●嶋田

　「時間」と「指定管理者制度」ですか。これは難問ですね…。

　私は公共図書館で働く立場として，まずは，「公共」ということの意味から考えてみたいと思います。

　「公共」ということの意味は，三つあると考えています。一つは，「公的（オフィシャル）」であること。それから，「公開（オープン）」であること。あと，「共通（コモンズ）」であるということ。この三つです。この三つを住民の人たちにきちっと提供できているかどうかを，公共図書館はまず考えなければなりません。

　このことを踏まえた上で「指定管理者制度」について考えてみると，指定管理者制度の受託スタイルはいろいろあります。一般的には民間企業が多いですけど，NPOになるとまたちょっとスタンスが異なるんですね。NPOは，ノンプロフィットでミッションを達成するために受託者になっているというスタンスです。ここは，一般の民間企業と比較すると，微妙だが深い問題があるかと思います。

ただし，いずれにせよ，行政からすると，指定管理者制度は「契約行為」になります。そうなると，どうしても逃れられないのが，「市場性」ということです。つまり，実際に受託者になるには，市場の中で競争を勝ち抜かなければならない。そこで求められるのは，やはり，「効率性」や「競争力」です。ただし，市場には失敗がつきものであり，市場が失敗する部分を担うのが「政府」です。この政府がやるべきことは，「公平」，「公正」ということです。この「効率・競争」と「公平・公正」を，どう両立させるか。ここに，指定管理者制度の構造的な問題があるという現実があるわけです。

　このことを，「時間」ということに引きつけて考えてみると，「共時性」と「通時性」という二つの軸から考えることができます。「共時性」を強く求めるのが，指定管理者制度に代表されるいまの行政管理です。つまり，いまの時代の中でどう市場の競争に勝ち抜き，効率性を実現していくか，という側面です。もう一方の「通時性」は，過去はどうだったか，これからわれわれはどう生きていくか，という側面。これは，「人づくり」，「地域づくり」と言ってもいいかもしれません。その価値をどう考えるかですね。ここにも，「共時性」と「通時性」を，どう両立させるかという問題があると思います。

　これは，結局は，「行政が何をしたいと考えているか」，ひいては，「市民のみなさんが何をしたいと思っているか」という問題なのですね。そして，そういうことがきちんと議論できるためにこそ図書館があるわけなのですが，果たして図書館はそういう議論に耐えられるだけの場であるのかどうかが，いま問われているのだと思います。「時間」ということとうまく結びつかないですけど，そんなことを感じました。

●小池

　次に，加藤さんはいかがですか。加藤さんは，中学生という，人生としてはまだ短い時間しか経験していない利用者に対応されている中で，「時間」というものをどう感じていらっしゃるか。また，「指定管理者」の問題は，学校図書館ではそれほど大きな問題にはなっていないかもしれませんが，いわゆる，「業務の外部化」という視点では，いかがでしょうか。

●加藤

　最近は，学校でも，自治体が直接，職員を雇うのではなくて，派遣や臨時などの非正規雇用の問題が出てきています。私自身は，それらについてここでまとまったことを言える立場にはありませんが，ただ，一つだけ，もしかしたらそれと関連するかもしれないな，というお話をしたいと思います。

　じつは先日，津山市教育委員会と私たちの組合との交渉の場があったんですね。そこで，一人の教員の方が発言をしてくれたのですが，その発言が私自身にとってとてもうれしく，大きな力をもらったということがありました。

　その教員の方が言われたことは，「本のことをよく知っていて，教育のことにも理解がある。しかも，子どもたちと近いところで接していて，子どもたちの成長についてよく知っている。そういう学校司書がいることは，津山市にとってとても大きな財産なのではないでしょうか」ということでした。そして，「そういう専門性を持った学校司書を育てることは市の責任であり，これからの長い時間を考えた場合，そういう学校司書がいるということは，津山市にとってとてもいいことではないでしょうか」と言ってくださったんですね。とて

も励みになりました。

　ですから，私たちは，学校という中で一人ひとりの子どもを見ながら日々仕事をしていますけれども，それを一つひとつ確実に積み上げていくことが，ひいては，津山市全体の力につながる，そういう意識を持たないといけないなと思いました。

●濱田

　少し前のことですが，ある新聞で，「図書館の本の出納にどのくらいの時間がかかるかをタイマーで測定したら，平均3分だった」という記事を読んだことがあります。でも，私たち図書館利用者からすれば，そんな時間なんて少しも気になりません。速ければいいというものではありません。それより大事なことは，的確な本を出してくれることなんですね。

　ですから，そういう仕事ができる司書の方を一人でも多く育てていただきたい，というのが，図書館利用者の本音だと思います。私どもの「図書館宣言」の中でも，司書制度の確立を謳っています。もちろん，それにはそれなりの時間がかかることとは思いますが，私どもとしても，それをめざした取り組みをしていきたいと思っています。

●小池

　ありがとうございます。そろそろ，フロアトークの時間も終わりに近づいてきました。

　最後になりますが，会場のみなさまからいただいた，みなさま自身の「めざすもの」について，いくつかご紹介して終わりたいと思います。

(※個々のご紹介は省略します)

では最後にもう一度，今日お話しいただいた4人の方に拍手をお願いしたいと思います。ありがとうございました。

1.7 エンディング

●長谷川

午後もこのままフロアトークを続けたいのですが，そういうわけにもいきません。貴重なお話をいただいた4人の登壇の方，司会の小池さん，まことにありがとうございました。

なお，今日の報告内容やディスカッション内容，および，会場のみなさまからいただいた「めざすもの」は，後日，何らかの形で公開できればと思っています。みなさま，どうもありがとうございました。

地域の文庫活動には「めざすもの」の原点がある
(土よう文庫・大阪府和泉市)

第 II 部

私の「図書館のめざすもの」

2章 去年, 今年, そしてこれから

竹内 悊

2.1 はじめに

　今回，この分科会に大きな期待を持って参加しました。それは，ご参加のみなさんに，各地で「自分たちのめざす図書館」を考え，それを実践しておられる3人の方々のお話を聞いていただき，お互いに意見を交換し，それをみなさんの地域にお持ち帰り願いたい，ということです。印刷されたものは後からでも読めます。でも，そのことに実際にかかわり，その方向で図書館の運営に苦心しておられる方々の，生の話を，肉声で聞くという機会はこの上なく貴重です。そこで私の話は，そのための導入部分に留めたい，と考えました。

　ここにその補足をする機会を与えられましたので，そのとき簡単にしたり，あるいは省略したりしたことを述べたいと思います。文脈上，重複することもありますが，それは本書の分科会記録を何度も参照なさる煩わしさを避けたいと思ったからです。どうぞご理解ください。

2.2 去年との連続

　今年（2015年）の分科会の特徴は，去年のこの分科会と今年のそれが，まるで一つのセットのようにつながったことで

す。これは本当にうれしいことでした。去年は漆原宏さんの写真集『ぼくは，図書館がすき』(日本図書館協会，2013)についてのお話があり，早川光彦さん（富士大学）の「図書館の希望はどこにあるのか」と，その出版にかかわった松島茂さん（日本図書館協会出版委員会委員）の「『ぼくは，図書館がすき』を見て考えたこと」という報告が続きました。私は去年の分科会に出席できなかったので，記録で知るだけですが，それでもそのときの雰囲気がしっかり伝わってきます。そしてそれが今年の分科会のテーマとなった『図書館のめざすもの 新版』（日本図書館協会，2014）と 3 人の方の発表とに，ぴったり一致するのです。

漆原さんは「図書館とは自己表現を叶える場」であり，「図書館が本当にみんなの中に入り込んだ時，地域社会は活性化する。図書館利用をもっと生活化しましょう」といわれましたが，それがそのまま写真で表現されています。「一枚の絵は，一千語にあたる」(One picture is worth a thousand words) という言葉どおりなのです。

早川さんは，漆原さんが人を中心に写真を撮ること，そして図書館とは人が本来の自分に戻れるところであり，図書館の仕事とは，人がその大切な一冊と出会うことを日常化することにある。そういう図書館をつくりたいといわれました。

松島さんは，この写真集を出版したときの出版委員会の責任者でしたが，「この本を出版して，本当によかった。1980年代の夢が漆原さんの本の中で実現しているからだ」といわれました。それはここ 30 年の間に，図書館に期待を寄せてくださった利用者の方々と，その期待に応えようとして一所懸命に働いてきた図書館員との努力の結果だ，といえるでしょ

う。その結果，いままでは堅いカプセルのようであった館種の違いによる考え方がだんだんと溶けて，図書館という共通のイメージが生まれ，館種とはその上に立つ専門性である，と考えられるようになってきたと思います。

それを写真としてとらえたのが『ぼくは，図書館がすき』であり，文章にあらわれたのが『図書館のめざすもの　新版』だといえましょう。この二つを一つのセットとみて，これからの図書館を考えていただければ，まことに幸いです。

さらに，これからの日本図書館協会の出版物がこの分科会で取り上げられ，そこで著者，編者，編集者，そして読者とが交流したり，あるいは出版のたびにそういう集まりがあって，協会と会員の間に，双方向での考え方の流れが生まれるとしたらどうでしょうか。それがこれからの日本の各種の図書館の充実と，それを使う人たち，そのとき使ってはいなくても，いつかは使う人たちのために，知識と情報との強固な基盤をつくり上げるのではないか，と思います。そういう展望が開けたことは，日本図書館協会の一会員として60年を過ごした私の，一番うれしいことなのです。

2.3　『図書館のめざすもの』の初版について

(1)　その発端

それは1994年に遡ります。日本図書館協会はその年の夏に，英，米，スウェーデンの3国を対象として「21世紀の図書館における専門職制度」の調査を行いました。その結果は『海外図書館員の専門職制度　調査報告書』として，1994年12月に協会から出版されています。私もその調査の一員に加え

られて，アメリカ国内で17人の館界の指導者に会い，その話を聞きました。この人たちは20年から30年にわたる私の知己で，建前を語るのではなく，都合の悪いことでも何でも話してくれる人，そして，私にわからないことは，何度でも質問に答えてくれる人たちでした。その人選が四つの館種のすべてを網羅していたことは言うまでもありません。この人たちは，私の質問に答えて，天災や不況や，地域産業の衰退による予算削減の苦しさを語りましたが，それでも，いつかこういう事態を乗り越えて，図書館の充実を図るのだ，という強い意欲を示してくれました。

そこで知り得たことを帰国して報告したのですが，報告書には載せなかったことが二つあります。その一つは，この人たちに他の館種のことを聞いた場合「それは自分の専門ではないが，しかし自分としてはこう考えている」といって，広い視野を見せてくれたことです。もう一つは「日本ではもう21世紀のことを考えているのか。自分たちはまだだなぁ」という述懐でした。

(2) アメリカの12か条の発表

その調査の旅から1年半後の1995年12月，アメリカ図書館協会（ALA）は，機関誌 *American Libraries* の12月号の特別付録として，8ページからなる多色刷りのパンフレット，12 Ways Libraries are Good for the Country を発表しました。そのとき私は「日本図書館協会の去年の問いかけに，アメリカの図書館人はこういう形で答えたのか」と思いました。その内容は，12か条ある本文とともに，各条文の解説がまことに懇切で，「図書館とは本来こういうものなのだ。私たちは全米の

図書館がこのようでありたいと願い、そのために努力を惜しまないのだ」といっていることがひしひしと伝わってきたのです。

そして私は「いま日本の地域社会に、しっかりした図書館がほしい！という思いが、地下水のように流れている。でもまだ地表にあらわれるまでには至ってはいない。もしこれを翻訳して小さなパンフレットに仕立てたら、それが潮干狩りのときの熊手のような働きをして、地表に水をしみ出させるのではないだろうか」と思いました。そこでそのときアメリカ国内で多少の不安も含めて語られていた「インフォメーション・スーパーハイウェイ」のことと、市民として図書館を支えようという全米図書館友の会連合会顧問委員会が発表した「図書館協約」とを合わせて一冊にしようと試みました。さらに、外国人としてこの12か条を見ると、日本との事情の違いから、よくわからないところがたくさんあります。そこで詳細な注をつけることにしました。この内容は『図書館のめざすもの　新版』のp.12〜54に、2010年のアメリカでの新版とともに収録してありますので、どうぞご覧ください。

この12か条を日本でいち早く報道した記事のタイトルは、「アメリカ国家に役立つ図書館の12か条」でした。そういう訳文もあり得ましょう。しかしアメリカ人の生活の中では、まず自分が住む自治体のことが第一です。次に郡（county）が地図上の区分でしかないところは別として、その地域の中心として機能しているところでは、その郡のこと、それから州のこと、という順序です。その州がわれわれの感覚でいえば国にあたります。その各州をゆるい紐帯でまとめているのが連邦政府です。そこで、一人の住民の視点を大切にし、その

考え方に添う方向で，国家とは言わず，「アメリカ社会に役立つ図書館の12か条」といたしました。

(3) 編集長に会う

　原稿が一応まとまってから，シカゴにALA本部を訪ね，翻訳許可を確認し，疑問の点を尋ねました。そのとき，この編纂の過程を聞いたところ，少なくとも4～5年をかけ，何人もの人が適切な事例を集め，それを取捨して編集をした，ということでした。調査のときに「アメリカではまだそこまでは考えてはいない」といわれたことを思い出し，一般の会員として考えていなかったとしても，図書館協会としては何年も考え，準備をしていたのだ，と知りました。協会というものは，そういうものなのだ，と思ったことでした。

　もう一つ印象的だったのは，私が第12条の「図書館は過去を保存する」について，「これはきわめて勇気のある発言だ」といったとき，編集長クニッフェル氏はまっすぐ私を見つめて，「本当にそう思うか」と聞いてきたことです。私が大きくうなずくと，彼はその鋭さを微笑に変えて，「ありがとう」と握手を求めてきました。いま考えてみると，第12条の解説の「図書館とは記録を保存するところです。そして自分自身の過去を理解しない国家，文化，コミュニティは，過去の失敗の汚辱にまみれるのです」というところと，第1条の「図書館は民主主義を維持します」の解説にある「公共図書館は無知と服従を求める専制政治から国民を守ることを目的とする，唯一の機関なのです」というところとが照応します。これがこの12か条を貫く柱，といってよいでしょう。このときの編集長の態度は，まさに図書館のあるべき姿の体現でした。

(4) アメリカの新版と旧版との異同と第10条の差替え

　2010年に発表されたアメリカの新版12か条は，旧版に比べて分量の点で大きく変化しました。解説が3分の1から5分の1ほどに圧縮されたのです。それは『図書館のめざすもの　新版』(p.10) に私見を述べておきましたので，どうぞご覧ください。それでも条文については第10条以外には変わってはいません。それは『新版』の46ページから始まる部分の上欄と下欄とを対照すれば明らかです。いっぽう，アメリカの図書館らしいという点から見れば，この第10条の差替えを残念に思います。

　それは，「図書館は，一人ひとりを刺激します」という条文のもとで，「図書館という図書館は全部，ドアに次のように掲示すべきだ」という意見の紹介から解説が始まるのですが，その掲示とは，

　　「この図書館には，皆さん一人ひとりをいらだたせるような資料があります。もしあなたがここでいらいらなさらなかったら，どうぞ私たちに苦情を言ってください。」

というのです。これがいかにもアメリカらしいというのは，この国の家庭で親子とか夫婦，あるいは家族同士の間で意見が食い違うと，まるで喧嘩か，と思うような論争が始まり，お互いに自説を譲らず，招かれた客がいたたまれない思いをすることがあります。アメリカの選挙報道でも，激しい議論というよりは，暴言の応酬と思われるような記事をご覧になるでしょう。その良し悪しは別として，違う考えを述べ合うことは，たしかに問題の所在をあぶり出す方法の一つです。私たちも，違う考えを聞かされて「アッ」と思い，それと自分の考えを照らし合わせて考えるうちに，その二つを包含す

る広い立場を見つけることがあると思います。これはそのことをいうのです。

　そこから，この条文の解説にある「そのすべてを見ようとする寛容性と意思とを暗示」しているという言葉の意味が立ち上がってきます。そして，そのためには，関係者と論争をすることも辞さない，という強い職業意識が見えるのです。それは，図書館の立場を守るための議論ではなく，図書館が利用者の資料利用の範囲を広げるために必要な準備なのだ，と考えることができましょう。これは「考える材料を提供するという図書館の大きな働きのひとつ」であり，それによって地域社会を支えるのです。つまり「いらいらさせる」というのはその入口のところの感覚的な表現なのです。

　おそらく，こういう言い方が日本の図書館で共感を得ることは稀だと思います。それでも，そういう言い方をしてでも問題の所在を明らかにしようとする努力は，理解できるのではないでしょうか。それなら，われわれは日本的な表現を考えればよいことになります。言葉が違えば考え方も違う。しかし，職業人としての相互理解の点では，深いところで共通性を持ち得る。そういうことかと思います。

2.4　日本での「めざすもの」

(1)　旧版の出版後

　『図書館のめざすもの』の旧版が出版されてすぐ，「潮干狩りの熊手で砂地をひっかくと，水がにじんでくるかもしれない」という私の予想が大きく外れたことを知りました。「にじんでくる」どころではなく，どんどん水が湧き出して，噴水

かと思うようになりました。それも一か所からではなく，あちらからもこちらからもでした。これには驚きました。

そういう自発的な活動に加えて，この『図書館のめざすもの』の内容に共鳴し，普及のために働いてくださった方々がおいででした。自分で買って人に配った方もあり，また，これは買って読むべきだ，といって，購入を勧めた方もありました。編者としては思いもよらない，ありがたいことでした。

それとともに，各地でのさまざまな試みを知ることができました。たとえば仙台市の「仙台にもっと図書館をつくる会」は，1997年に「21世紀に向けて　図書館構想（その3）」を発表しました。この会はすでに1985年，89年と市民としての図書館構想を発表，97年のものは3回目で，「もっともっと身近に図書館を」という観点から，中学校区に一つの図書館を提唱しています。仙台市全体では64館（当時の人口98万人，図書館は5館）を必要とするという構想でした。これは，アメリカの12か条のように，図書館のあるべき姿を箇条書きにしてそれに解説を加えるという形ではありませんが，「住民として考える図書館像」という点から見れば，その豊かな内容から多くを学ぶことができます。

その内容は，まず仙台市の図書館と政令指定都市のそれとの比較と，仙台市の各区と同人口規模の先進都市との比較を示すグラフから始まり，ついで図書館の始め方，図書館には司書を，図書館のさまざまなサービス（図書館利用に不自由のある人たちや，外国の文化を基盤とする人たちを含む），マルチメディアと図書館，図書館とボランティア，学校図書館の充実，そして私たちの図書館利用宣言（案）を提言し，資料編とともにB5判で96ページに及んでいます。市民による

「仙台にもっと図書館をつくる会」が、結成15年でこれだけのものを発表する力を得たのは、特筆すべきことではないでしょうか。

いっぽう、各地の図書館を考える会の活動としては、アメリカの12か条をモデルとして、その中の数か条を選んで自分たちの目標としたり、あるいはその地域の状況を主として12か条をまとめ、ぜひこういう図書館を、と行政当局に求めるタイプがあらわれました。私にもご相談がありましたが、その場合はまず3か条か4か条、これだけはどうしても、というものをみなさんの言葉で書き上げることをお勧めしました。そのうちにだんだんと、行政に提出することを目的としてつくるよりも、自分たちがここで生きるためには、こういう図書館が必要だから、まず住民としての生活に足を置いて考えようというふうに変わってきたと思います。

分科会で私は、図書館法成立以後を30年で区切って考えてみることを提案しましたが、最初の30年でまず住民が声を上げ、次の30年で、そういう意見が地域に足を置くようになった、といえるのではないでしょうか。そういう動きと、アメリカの12か条新旧両版の長所を生かすという考えとが一つになって、今回の『図書館のめざすもの　新版』が生まれることになったのです。

(2) 『図書館のめざすもの　新版』

『新版』の内容は分科会で説明しましたし、また本書をご覧になるみなさんのお手元にも『新版』がきっとあると思いますので、ここではごく大まかな説明と、内容のそれぞれに対する私の考えとを紹介することにいたします。

① アメリカの新・旧12か条の並列について

『新版』は,旧版の書名を使っていますが,決して旧版の内容を部分的に改めただけのものではありません。最初にその新旧の「12か条」を上下に配置していますが,これは新版と旧版との共通点と相違点とを,比較してご覧いただくためです。いつも言うことですが,比較とは決して優劣の判定を目的とするのではなく,それぞれの特徴を知って,よりよく理解するための方法なのです。ということは,改訂されたとはいっても,われわれにとっては,旧版もなお大きな価値がある,と思うからです。新版がつくられたのはアメリカ国内の事情からですが,図書館を考えるためには,旧版の条文の解説とそれに伴う懇切な説明文は,なお生命を持ちます。そこにつけた注も,外国人としてかの国の図書館を理解するために,今日なおいささかの価値がある,といったら,自賛にすぎるでしょうか。ご活用くだされば幸いです。

② 図書館友の会の「めざすもの」

旧版はアメリカのものだけでしたが,『新版』には日本の図書館友の会全国連絡会の「私たちの図書館宣言」を加えました。これを対比するようにしたのは,実は図書館友の会というものは大変重要でありながら,運営と永続の難しいものだ,と感じていたからです。アメリカの大都市で大きな図書館組織の館長をしている同級生に聞いたところ,彼は次のように語ってくれました。

　　図書館友の会を,無料の労力源だと見るべきではない。この人たちは,図書館にかかわることによって,自分が人様のために意味のある活動をすることができた,と思い,

JLA Booklet 既刊19冊 好評発売中！！

日本図書館協会　出版案内

JLA Bookletは、図書館とその周辺領域にかかわる講演・セミナーの記録、話題のトピックの解説をハンディな形にまとめ、読みやすいブックレット形式にしたシリーズです。

図書館の実務に役立ち、さらに図書館をより深く理解する導入部にもなるものとして企画しています。

JLA Bookletをはじめ、協会出版物は、こちらからお買い求めいただけます。また、お近くの書店、大学生協等を通じてもご購入できます。

二次元バーコード

お問い合わせ先
公益社団法人
日本図書館協会　出版部販売係
〒104-0033
東京都中央区新川1-11-14
TEL：03-3523-0812（販売直通）
FAX：03-3523-0842　E-mail：hanbai@jla.or.jp

---

no.1　いま、期待することのいる図書館に
木下通子著、ジュニア新書『読みたい心に火をつけろ！—の岩波ジュニア新書出版記念トークセッション』（岩波書店刊）の出版記念講演会で塩見昇氏それぞれの立場から、図書館員、図書館の未来について語り合った内容の大切さを収録。
ISBN 978-4-8204-1711-8

no.2　読みたいのに読めない君へ届けマルチメディアDAISY
DAISY製作者、DAISYユーザ、図書館員、保護者、図書館員、DAISYにデイジーマルチメディアDAISYのしやすさ）が高いUDフォント（一見て使見読関係者の認識のしやすさ）録。
ISBN 978-4-8204-1809-2

no.3　1979年改訂のころ
『図書館の自由に関する宣言』2018年に大阪と東京で開催された、図書館の自由宣言改訂当時の雰囲気などがよく伝わる貴重な証言から直接かかわった人物の宣言改訂に関する講演録。
ISBN 978-4-8204-1810-8

no.4　『図書館法的視点から見た図書館と指定管理者制度の諸問題』講演録
指定管理者制度の諸問題を法的視点から解説。図書館長や職員、指定管理者制度導入を検討する関係者に入法律専門家による疑問に答える全ての人に必入読の書。
ISBN 978-4-8204-1812-2

no.5　図書館システムのデータ移行問題検討会報告書
新システムへのデータ移行において、2018年12月17日に行われた図書館システム変更に伴うパスワードへの移行の現状と課題の管理記録も収録。システムのワード学習会の管理状況を解説。
ISBN 978-4-8204-1905-1

no.6　水濡れから図書館資料を救おう！
「水濡れ」の厄介な前対処法の重要性や貴重な情報源災害時の対応方法等な大規模水害などを詳しく事例図書館に関わる紹介する一冊。
ISBN 978-4-8204-1907-5

no.7　『図書館政策セミナー講演録―公立図書館の所管問題を考える』
2019年3月開催の公立首長部局の所管移管に伴い、図書館政策セミナー講演録、教育委員会の社会教育施設の重要性から公立図書館運営の問題点の教育的視点や懸念、委託・治体・民営化など一冊を考察する。
ISBN 978-4-8204-2007-1

no.8　やってみよう資料保存
図書館分野取りかかりやすい資料保存について基本から解説。カビや災害対策、取り組むすべての図書館に必読の入門書。
ISBN 978-4-8204-2109-2

JLA Booklet 既刊19冊 好評発売中！！

no.19 人はなぜ本を紹介するのか Live! 図書館員のおすすめ本リマスター版

図書館員が本を紹介することの意味、その仕事にとどまらず広く読者へ届けるために図書館と出版を考える必要性を図書館の世界を越えて出版することなど、これからの図書館員の読書です。

ISBN 978-4-8204-2404-8

no.18 著作権80問

図書館現場から実際に寄せられた質問を基に、著作権法をQ&A形式で平易に解説しています。著作権・図書館サービス等々、さまざまな関係者を悩んだときにひも解いてほしい一冊です。「落とし所」「出版者等々」

ISBN 978-4-8204-2405-5

no.17 戦時下検閲と図書館の対応

第109回全国図書館大会第3分科会「戦争と図書館」のテーマとする3つの講演録。講演資料も掲載し、提供し、戦争中の思想統制に抵抗した自由を守るため戦いたい方を圧倒的に考えさせるときに役立つ一冊。

ISBN 978-4-8204-2403-1

no.16 図書館のマンガを研究する

「海外図書館の状況や実践的な「やさしい日本語」の使い方も含めて、今後の図書館の役割、大規模所蔵調査に基づく日本の成果をふまえ、マンガというテーマにする図書館の受容と関心文化と特有の課題について言及される大切なツールを広く伝えるあらゆる利用者にとっても大きな役立つ資料です。

ISBN 978-4-8204-2311-9

no.15 「やさしい日本語」

「外国人の状況や実践的な「やさしい日本語」の使い方をとつひとつ伝えるあらゆる利用者にとっても大きな役に立つツール図書館サービスを教えてくれる一冊。

ISBN 978-4-8204-2306-5

no.14 新著作権制度と実務

めまぐるしく改定される著作権法。公衆送信サービスを行うために法令で詳しく説明。コンパクトな研修に使える実践者のための意義を確認できる好著。

ISBN 978-4-8204-2306-5

no.13 その基本的な考え方と手法図書館資料の保存と修理

日図協資料保存委員会委員長であり、全国各地で講師を務めた著者が「より多くの国民の知りたいへのアクセス」という現在の向上に「特定図書の携わり上へ示す、必備一冊の要望」

ISBN 978-4-8204-2218-1

no.12 「図書館」講演録非正規雇用職員セミナー職員で働く女性非正規雇用

公共図書館で働く非正規雇用職員の問題を取り上げたセミナーの記録。これからの図書館サービスと職員のあり方を考える大きな一歩になる書です。講演や報告、参加者の意見交換や課題にも焦点を当て、コンパクトな研修にも参考になる資料保存の真の意義を確認できる。

ISBN 978-4-8204-2209-9

no.11 学校図書館とマンガ

「学校図書館のマンガ導入」等の章を通じて、学校図書館にマンガを導入する意義を解説しています。学校図書館でもマンガが高く評価されている一歩になるマンガと訴える海外図書館の蔵書にも収録。

ISBN 978-4-8204-2208-2

no.10 図書館の使命を問う 図書館法の原点から図書館振興を考える

塩見昇氏と山口源治郎氏の対談記録。図書館法制定70周年記念講演展開も盛り込み、図書館法を考えるときに示唆に富む内容を簡略記す一冊。

ISBN 978-4-8204-2206-8

2020年表

1945年の太平洋戦争終結から2020年までの図書館に関する出来事を簡潔に、日本国内の図書館の動きを簡潔にまとめた75年間の図書館史年表。7図書館の成長と模索の歴史を知り、現状から分析する。将来に向けた構想にもつながる役立つ内容です。

ISBN 978-4-8204-2114-6

そこに自分の存在の意義を求めている。だから館長としては，そのことに十分の配慮しなければならない。しかし，一人ひとりの考え方は同じではないし，友の会に参加して何をしたいのか，どんな特技を持つかは千差万別であり，特に家庭を持つ人の場合，その家族の状況によって参加の条件が大きく異なる。そういう人たちすべてに満足してもらうことはきわめて難しい。さらに，友の会としてまとまったときには，集団としての意思と力が生まれるので，それと図書館サービスとの関係も難しくなることがある。館長は常に友の会のリーダーたちと意思の疎通を図り，問題の解決に心がけねばならない。その心遣いと努力と時間とは大きな負担であって，なぜここまで，と思うことがある。

　しかし，それでも「友の会」は必要だ。それは市民と図書館との間に横たわる「広くて深い川」に橋をかけるのが，「友の会」だからである。これは何物にも代えがたい大きな力だ。だから苦しいことがあっても，私は友の会の存続を望んでいる。

というのです。全米図書館友の会連合会が「図書館協約」を制定したのは，この館長の言う，「図書館についての考え方の多様性」に，一つの筋を通そうとしたものと考えられます。

　ここでこの「協約」(Compact)という言葉について付け加えておきましょう。なぜ「声明」とか「契約」ではないのか，という質問があったからです。これは1620年，メイフラワー号で大西洋をやっと越えてきた人々が，上陸後の生活を築きあげるために相談して規約をつくり，それを守ることを誓約した「メイフラワー・コンパクト」(Mayflower Compact)に由来するものと思います。当時のヨーロッパでは，国王の絶対

的な権威のもとに国民が従っていたのですが、この人たちは翌日の上陸を前にして、市民による自治団体(Civil body politick)を確立し、そこでの合意によって法律や憲法、地域の組織をつくり、みんながそれを支持することを宣言しました。これは世界史から見ても画期的なものでしたし、後のアメリカ憲法の基礎となったといいます。そこで使われた「Compact」という言葉を全米図書館友の会連合会は受け継いだのでしょう。この起草にあたった人たちが、どんなに真剣に取り組んだか、それが見えるようではありませんか。その「協議し、誓約した」ことを表現するために「協約」という重い訳語を使ったのです。

しかもこの協約は、机上の政治思想に基づいたものではなく、もしこれがなければ、新しい植民地が崩壊するかもしれない、という実際上の危機に対応するものでもありました。それはメイフラワー号の乗客の5分の3がヨーロッパからの出稼ぎ人であり、その中には、一獲千金を夢見て、どんなことでもする、という不穏な意図を持った人たちがいたからです。この協約を結んだことで、この新しい植民地は、次々と起こるさまざまな困難を何とか乗り越えることができたのです。したがってアメリカ人にとって、この「協約」という言葉の意味は大変重い意味を持つはずなのです。

日本の場合はどうでしょうか。友の会が各地で結成されるようになって、まだそれほどの年月が経ってはいませんが、それでも図書館についての考え方がさまざまだ、ということはありましょう。2004年に図書館友の会全国連絡会ができて、2009年にこの宣言が決議され、2012年に改訂されたことは、この宣言が生きて働いていることを示しています。私はこれ

を読んだときに、アメリカの「図書館協約」と比較して考えることができる、と思いました。それだけ深く日本の図書館の問題点を示し、その状態を改善しようとする意思を示しているからです。

その問題点とは、1965年に石井桃子さんが『子どもの図書館』（岩波新書）の中で、「日本の児童図書館の現状に暗澹となり、…図書館長や児童図書館員がいくら子どものための図書館活動の重要さを叫んでも、国も自治体も親たちも、ちっともその意味が分かってはいなかった…」と書いたことが、その後30年、40年経っても、少なくとも制度上は少しも変わってはいない、ということです。

それともう一つ、こういう審議の場合に、もと図書館に勤務していた人たちも会員として加わっていますが、その人たちは一会員としての発言はしても、専門家として議論を主導することはない、と聞きました。あくまでの市民としての考え方を育て、まとめるということです。私はその節度に、深い敬意を持ちました。アメリカの「図書館協約」と対比できる、と思ったのには、このことも大きな力になりました。

③ 未来をひらくゆふいん図書館

これは分科会のときに説明をいたしました。どうぞそれをご参照ください。ただ一つ付け加えますと、私がいままで見てきた中で、これほどまでに、自分の住むところを美しく謳い上げた「図書館のめざすもの」はない、と思います。図書館というもの、特に公立図書館は、ここに足を置くことから始めるべきだ、と思わせられます。図書館に関心のある方、特に図書館情報学の授業をお持ちの先生方は、この『未来を

ひらくゆふいん図書館』の全文を，学生さんたちにお勧めいただければ，と思います。公益財団法人人材育成ゆふいん財団（http//www.yufuin-zaidan.jp/pg96.html）でどうぞ。

④ 瀬戸内市の基本構想

これについても瀬戸内市立図書館の準備室長，嶋田さんのご説明があります。そこで私は，嶋田さんがいわれる「持ち寄り・見つけ・分け合い」という図書館の基本姿勢について，蛇足を加えるだけにとどめたいと思います。

いつのころからか，私は図書館の性格あるいは基本姿勢について，日常の言葉で表現できないか，と考えていました。また一方では「図書館でなぜストーリーテリングをこれほどまでに大事にするのか？」という若い人たちの疑問に答えるために，イギリスのアイリーン・コルウェルさん，アメリカのスペンサー・ショウさん，ニュージーランドのドロシー・バトラーさんなどを，若い図書館員たちと訪ねて，ストーリーテリングの実際を見，また説明や経験を直接聞きました。そのうちに，この方たちが sharing という言葉をよく使うのに気がつきました。つまり，この方たちは長い間，人間が蓄積してきた智慧やさまざまな感覚を，若い人たちと「分け合う」ためにストーリーテリングをしているのだ，と思ったのです。

そうすると，その分け合いをするのには，どうしたらよいでしょうか。さまざまな知慧や感覚を記録したもの（人間の脳という記録媒体も含めて）を持ち寄ってこそ，それができるのです。そこで「持ち寄り⇒分け合い」というパターンが見つかりました。でも，持ち寄ったものを分け合うのでいいのか，という疑問が生まれました。持ち寄りが増えれば増え

るほど，混乱を生じます。そこで持ち寄ったものを整理し検討するための「まとめる」という段階が見つかり，図書館というものは，「持ち寄り，まとめ，分け合う」という三段階で成り立つ，と説明するようになったのです。そしてこれは図書館ばかりではなく，なにかの相談もそうだし，大きく言えば議会などにも適用できます。また，図書館協会もまさにこのとおりといえましょう。

ところがこれは，何かを考えたり，つくったりする側の考えでした。それを使う側の立場が反映されていませんでした。そこにそれを導入されたのが嶋田さんです。「まとめる」のところに「見つける」を入れたい，というお手紙をいただいて，私は大喜びをしました。「見つける」ということには，図書館を使う人の「ここで自分に必要なものを見つけよう！」という意思が見えます。そしてそれがなければ，図書館に来ても何にも見つかりません。そこで図書館では，その「見つけよう！」という意思を大事にし，かつ，その意思をまだ持てないでいる人には，その気持ちを育てるようにさまざまな援助をします。それは，その人が図書館に入ってきたときに司書が声をかける，普通のあいさつから始まります。本の「面展示」も，新着書の棚も，広報も，フロアワークも，レファレンスサービスも，みんなその「見つける」ことにかかわるのです。

2016年6月に開館するという瀬戸内市立図書館に，持ち寄り，見つけ，そして分け合うということが，どう働くのか，私はとても期待しています。

さらにその後で，自由の森学園図書館（埼玉県）の学校司書，大江輝行さんから，「持ち寄り，まとめ，分け合い，つないで

ゆく」という意見が寄せられました。この「つないでゆく」ということの働きは大きいと思います。「まとめ」のところに「見つける」が加わってその部分が大きく広がったように,「分け合い」もまた「つないでゆく」ことによってもっと積極的な動きが加わったように思います。このお二人のように,みなさんの経験の中から,この三段階をもっと豊かなものにしていただければ幸いです。

　なお,「持ち寄り,まとめ,分け合う」という点から見た読書と図書館それに著者,出版者とのかかわりについては,『図書館のめざすもの　新版』(p.81)にその一端を書いています。併せてご覧ください。

⑤　岡山市の小学校,中学校での「としょかんのちかい」

　学校図書館を見学に行って,壁にこの「ちかい」を見つけたとき,「アッ」と思いました。「誓い」という言葉があまりに大きくて,「ここまで言っていいのですか?」と思ったからです。私は教職につく前に15年,図書館の現場で働きました。そして私にはとてもここまでは言えず,さまざまな要求に対して,いつでも「その要求は当然ですが,ただ資料購入費が少なくて」と逃げていたからです。ところが,ここにはその「逃げ」の姿勢がありません。「すごい!」と思いました。それとともに,私の過去を顧みて,まことに恥ずかしく思ったことでした。

　それはまた,私が働き始めた1950年代前半から60年代にかけての図書館と,その後の図書館との大きな相違点でもあります。何よりも,個人として,また集団としての司書の意識と経験との蓄積があり,そしてここには,図書館を使う人

たちの立場に立つ司書の姿があります。私の駆け出し時代は,出納台を境にして,あちらとこちらに分かれていました。その司書を支える図書館システム,特に図書館協力による相互貸借やレファレンスサービスの提供も大きな力です。私は分科会の当日も,またこの文の 2.4(1) の終わりの部分でも,図書館法成立後の 30 年と,第二の 30 年期ということを言ってきましたが,ここにもまた第二の 30 年期の蓄積があらわれていると思います。

この「ちかい」にあらわれる姿勢が生徒たちに伝わり,先生たちの共感を得て,学校の方針や教育委員会の政策につながることを期待する次第です。

2.5 私の「めざすもの」

私のめざすのはどんな図書館か,というご質問がありました。実はいままでに,私なりの何か条を書いてみたことはあるのですが,まだお目にかけるほどではありません。そこで,図書館とはこうあってほしい,という私の想いを述べてお答えといたします。現実とはあまりに遠い,と言われれば,まったくそのとおりですが,私にとっての目標とご覧ください。

私は,図書館を,人の成熟と成長とにかかわり,かつ社会をしっかり支える大きな働きを持つものと思っています。そこで,図書館は公立,公営でなければならず,司書は専門職としての内容を持ち,行政は図書館の性格にふさわしい管理運営を進めなければならないのです。さらに司書は,公立であるために陥りやすい危険性を十分に考え,図書館の持つ大きな可能性の実現に向かって努力すべきだ,と思っています。

そのことをもう少し詳しく述べてみましょう。

(1) 公立であること

　以前は，官，公，私あるいは民と三つでしたが，この頃はなぜか官と民という二つに分けて，こちらでなければあちら，というふうになりました。しかし「公」という立場は重んずべきだと思います。それは，官ではそこまでの目配りが効かず，民としては必要でありながらできないという分野があると思うからです。つまり「公」とは，住民個々の生活にとって必要なことを，税という形で広く薄く負担を求めて，住民のために働くものなのです。それは住民の生活のあらゆる面に及んでいます。義務教育もその一つです。

(2) 教育と図書館とのかかわり

　教育という言葉は，すぐに教室での集団教育を連想させるかもしれません。集団教育は大事ですが，それとともに，一人ひとりの性格や能力の違いを無視することはできません。その違いを大事にすることによって，集団教育が豊かになるとさえいえるでしょう。その一人ひとりの成熟と成長とにかかわることを仕事とするのが，学校図書館であり，公立図書館です。集団教育と個人への援助とは対立するものではなく，教育を「人の成熟と成長とにかかわり，人の自立を助けるもの」と考えれば，一つのことの2面なのです。

　その1面を担当する図書館は，一人ひとりに適切な資料を適切なときに提供するという仕事をします。そして，その人が，いずれは自分で必要な資料を探せることを願って，援助を提供します。つまり，知りたいことを探す主体は，あくま

でも本人です。そういう力を自分で育てるように援助をしてゆくのが司書です。「自分で見つけよう」と思う方向に援助をすることは、その人に「させる」よりもずっと難しいことです。そこで図書館には、そういう力を持った司書が必要なのです。

(3) 司書課程の共通科目と専門科目

まず、館種の違いを問わず、人様の役に立つことを目的とする図書館とはどんなものか、ということを学ぶ機会を共通科目として提供したいと思います。これは、いまの役に立つということだけではなく、それぞれの時代において人の役に立ってきたことと、これから先のことを含みます。そこに、人が感じ取ったこと、考えたこと、実行したこと（失敗も含めて）の記録が、どのように成立し、使われ、保存されて、次の機会に使われるのか、「今」の目的のために、その所在をどう確かめるか、内容をどのように評価するか、そして人にどう提供するか、ということを知るためです。

また、本とか記録媒体と言えば、安定した形ですぐに手に入るように思われがちですが、実は自然科学的な法則によって生まれるものではなく、ほとんど恣意の塊といってもよいものなのです。したがって、それが世に出た後、それを入手すること、その特徴を把握して使いやすくすること、いつでも使えるようにきちんと保管することなどは、決して簡単なことではなく、ジャングルの中にかろうじて道をつけるような仕事です。

これは概説的な一科目で済むことではなく、異なったアプローチによる数科目の授業と演習とが必要になりましょう。

ただここで学んだ知識と探索能力とは、図書館や資料室で働く人ばかりでなく、本や書類、記録媒体などのあるところで働く人のために役に立つことです。司書課程を置く大学は、そういうことにもっと関心を向けたらどうなのだろう、と思っています。

この共通科目群の上に、館種別の資料と利用者と司書の資質について、専門科目群が置かれることになりましょう。また、図書館を使う人について、年齢別や利用の目的別など、館種とは別なアプローチも必要です。さらに、それぞれの館種とその設置母体との関係も考察の対象になると思います。

(4) 司書の資質について

この仕事につく人にとって、一番大事なことがあります。それは、図書館に来る人たちを、上から見下ろすことはしない。どんなに小さな子どもに対しても、また図書館に不慣れで困っている人に対しても、その人と同じ立場に立つことができる。図書館にはそういう人が必要なのです。

人は、わからないことがあるから図書館に来ます。そのわからないことを司書に説明しようとしても、うまく説明できないのが普通です。説明できるくらいなら、自分で解決できるはずですから。そこで、その困っている状態を解きほぐしながら、その人に適切な「考える材料」を提供するのが司書の役目です。これは難しい仕事です。そこで、本を知り、利用者の要求を知り、それを結びつける手段と方法とを知る必要があるわけです。司書課程の授業の眼目は、「人のために」になるのではないでしょうか。

(5) 役に立たないことを学ぶこと

　いまは、大学の授業に、社会に出て役に立つ人を養成することが求められています。それが大学の社会的意義を考えるための一つの切り口だというわけでしょう。その一方で、直接の役には立たないかもしれないけれど、しかしその一人の学生が生きようとする世界に本質的にかかわる何かと一所懸命取り組んで、よくわからないことに苦しむ、という経験をする必要はないのでしょうか。この頃、「役に立つ」ことを求める一方で、「すぐに役立つ知識は、すぐに役立たなくなる」とも聞きます。それは、「わかる」という言葉の意味が、まことに深い奥行きを持っているからではないでしょうか。そのときに「わかった」つもりでいることが、じつは何にもわかってはいなかった。わからなくて困ったことが、後になってその深さが見えてくる、そういうことがあるのではありませんか。あえてこんなことをいうのは、図書館に来る人は、大なり小なりそういうことを抱えてくるのだと思うからです。そして、図書館でそういうことのわかる司書に出会ったときに、その人に新しい世界が開けるのではないでしょうか。図書館が人の成熟と成長とにかかわるとは、そういうことを含むように思えます。

　その点で図書館とは教育機関であり、司書とは教育職員として待遇されなければならないのだ、と思います。単に本の受け渡しをすればよいというのではないのです。

(6) 大学の限界

　いままでに述べたことがどのように組織されたとしても、大学で司書を教育することには限界があります。それを一言

でいえば,大学には利用者がいない,つまり図書館の現場ではないからです。司書として生きようという人が,利用者が持ち込んだ問題に,責任をもって援助しなければならないという緊張した状況がないからです。それをするのには,選書からレファレンスサービスに至る図書館のあらゆる機能の総合が必要になります。そこでかなりの実務経験を経た上で,大学院でなり,実務研修なりで自分の新たな問題を深めることが必要になってきます。

　つまり,一人の司書が育つのは,大学で「司書になる資格」が得られたということではなく,それを基礎としての自己研修が必要なのです。いままで,優れた実務経験を持ち,また教育者として働いた方々に,「司書が育つのには,何年かかるのだろう」と問いかけたことが何度もあります。そのときの答えは「まぁ 15 年はかかるだろうなぁ」というのがほとんどでした。15 という数字にとらわれなくてよいと思いますが,ともかく奥行きの深い世界です。

(7) 奥行きの確保のために

　図書館というのは,司書という「人」が,その所蔵資料を活用して,人の成熟と成長とのために働く仕事です。したがって,司書の働きによって,この世界は大きく展開する可能性を持っています。それは図書館を使う個人の世界を広げ,深めて,さらに社会を支えます。その大きな可能性を,ただ本を集めて貸し出すための仕事に限定するのは,何というもったいないことかと思います。それは,人の進歩に対する妨害とさえいえるのではないでしょうか。

　その可能性を広げるためには,司書を教育専門職とみなし,

その地位を保証して、本人が望む限りは一生この仕事に献身することができるようにすることです。これは司書だけが主張していることではなく、前に述べたように1965年の石井桃子さんの提案がありますし、米英その他の諸国では、多年の実績をすでに持っています。またかつて東欧諸国を訪ねた折には、見学した公立図書館の館長が全員図書館情報学の博士でしたし、近年では韓国でも同様になりました。日本の状況は、そういう諸国の人たちから見て、驚くようなことなのです。「図書館事務」という言葉を官庁では使いますが、もうそういう考えを改める時期に来ているのではないでしょうか。

(8) 人間性の限界

ただ、司書が教育職員とみなされ、一生この仕事をしてゆけるということになった場合、別な問題が起こりかねない、ということを指摘しておきたいと思います。

自分がこれと決めた仕事を一生やっていくことが保証され、退職後も何とかやっていけるとなったら、それは大きな安心を得ることですし、この安心感はすべての人の求めるところでしょう。そうなって、すっかり安定したときにどうなるのか、図書館界は苦労をするばかりでまだその事例がありませんので、その後の停滞を予測することはそのときのみなさんに失礼なことになりましょう。そこでまったく別な例を引きたいと思います。

長らく封建政治のもとにあったある国の人たちが、近代国家につくり上げようとして立ち上がり、古い体制を打破して新しい国をつくりました。しかし、権力と財力とが手を結んで、その国は以前と同じような混乱に陥りました。それに対

してまた新しい力が，非常な苦労をして新しい政府をつくりましたが，またしても前よりも悪い，といわれるようになった事例があります。私はその渦中にいた人の話を聞き，また新しい状況を聞き知って，人というものの限界の一面を見たように思いました。

　幸いというとおかしいのですが，図書館界はそれほどの権力も財力も持ち得ませんから，そういう状態に落ち込むことはないと思います。しかし，安定感が理想を失わせることがあるかもしれません。

　これに対して，図書館界には利用者がいます。これからはこの人たちがそういう場合の厳しい批判者になることでしょう。今回の分科会で話し合われた図書館友の会全国連絡会の「私たちの図書館宣言」といい，また，地域に足を置いて自分たちの図書館のことを考えている人たちの「めざすもの」といい，図書館を理解するがゆえにその厳しさを持ち続ける人たちが今後増えてくると思います。それをしっかり受け止めることが，次の時代の大きな力になるのではないでしょうか。

2.6 終わりに

　そうなってくると，司書や学生の中に，この仕事についての新しい理想像が生まれ，さまざまな機会を通してそれを研ぎ澄ますことになりましょう。「自分自身の過去を理解しない国家，文化，コミュニティは，過去の失敗の汚辱にまみれる」とは，この文の 2.4「(3)　編集長に会う」というところで言及しました。

いま，この拙文の終わりに一言付け加えるとすれば，「図書館の理想を見失ったとき，図書館は『成長する有機体』としての歩みを止める」とでも言いましょうか。そうすると，この分科会を通して見えてくることは，「図書館の過去を知り，図書館を使う人たちとともに現在を検討し，未来を志向して，その役割を考える」のがわれわれの方向だ，ということになるかと思います。これからのみなさんのご活動に，大きな期待を抱く所以です。

幼児も自分の読みたい本を選ぶ（長浜市立湖北図書館）

3章 私が考える「図書館のめざすもの」
―― 分科会での質問に答えて

嶋田 学

3.1 分科会での質問に答えます

第14分科会ではたくさんご質問をいただきました。その一つ一つに答えながら、私が考える「図書館のめざすもの」をお示ししたいと思います。

Q1. 瀬戸内新図書館の計画を立てる際に行われたミーティングの様子について、もう少し詳しくお聞かせください。どのように意見をまとめていかれたのでしょうか。

A1. 私が着任したときに、全庁的な新図書館整備プロジェクトチームが立ち上がっていました。

市では、まずは「新図書館整備基本構想」をまとめようということで準備が進められていました。その議論に私も加わらせてもらい、「持ち寄り・見つけ・分け合う広場」という基本理念とこれを具現化させるための7つの指針を構想しました。

次の段階で、この基本構想を新たな図書館づくりのたたき台として、市民のみなさんのご意見をうかがう機会を設けたいとの意見を出し、「瀬戸内市としょかん未来ミーティング」が始まりました。

第1回目の「どうなってるの編」は，既存の図書館，公民館図書室，美術館，刀剣博物館などを見学して「図書館の通信簿」というワークショップをしました。これは，山梨県の「NPO法人つなぐ」（代表：山本育夫氏）が実践している利用者参加型評価ツアー「ミュージアムの通信簿」をベースに行ったものです。数十項目にわたる評価ポイントを参加者が「愛をもって」採点するもので，決してあら探しをするのではなく，施設をよくするためのワークプログラムです。

　施設見学の後，「新図書館整備基本構想」の内容を説明し，「図書館が○○を解決する」を考えるワークショップを行いました。基本構想がめざす新図書館のイメージと，「図書館の通信簿」で確認した望ましい社会教育施設のあり方などを参考に，市民一人ひとりが考える「図書館が○○を解決する」を考えてくれました。「私は，図書館で，○○を解決したい」，あるいは「叶えたい」という思いがたくさんA4用紙に書かれ，ワークショップ会場のボードに貼られて共有化されました。

　こうした思いをベースに，第2回目の「こんなにしたいな編」では，あれこれを解決させたり実現させるために，新しい図書館をこんなふうにしたい，という思いをグループワークショップで書き出し，参加者でシェアをしました。

　このように，「としょかん未来ミーティング」では，行政からの一方的な説明と，それを聞いた市民が質問や要望を投げかける，という「市民 vs 行政」という構図ではなく，行政からの基本的な考えをベースに，市民が相互に意見を出し合い，共有化し，これを行政がくみ取り計画に反映していくというプロセスを大切にしました。

基本構想をたたき台とした2回のミーティングの意見を参考に,「新図書館整備基本計画」を作成し,さらにワークショップを積み重ね,具体的なサービス内容を盛り込んだ「新図書館整備実施計画」へと発展させました。

　また,設計者が決まってからは,第5回を「建築デザイン編」と題し,「基本設計」をA1サイズに拡大した図面をテーブルに置き,市民がグループごとに意見を出し合うワークショップを行いました。

　ここでは興味深いやりとりがありました。あるグループでは,参加者の一人が,「財政が厳しいときにそもそもここまで広い図書館は必要ない。もう少し縮小してもいいのではないか」と発言しました。するとグループメンバーの別の一人が,子どもの本やサービスには,この設計にある程度の場所は必要だし,小説以外にも,暮らしや仕事の本,調べものの本など,さまざまな種類の資料が必要。郷土資料展示や集会機能を考えるとこの程度の広さは確保したい」と具体的な事例を出して反論をしました。その発言が具体的で説得力があったためか,縮小案を提起した方は,自説をさらに推し進めることはありませんでした。

　自分たちの町の図書館をつくるために,市民同士が意見を交換し合い,全員が納得することはないけれど,合意形成に参加したという意味ある事実が積み上げられたのだと思います。

　この「建築デザイン編」で出された意見は,基本設計では2階に配置されていた多目的ホールを1階に変更したり,駐車場の位置を変更するなど,「実施設計」に反映されました。

　「としょかん未来ミーティング」では,毎回のワークショ

ップの経緯を次の会の冒頭に説明し，議論の積み上げを前提に回を重ねていきました。毎回，申し込み不要のフリー参加なので，前の会に参加していない市民にも議論の経緯を理解してもらいながら，新たな課題，構想に意見を出し合うという流れを大切にしました。

Q2. 室長をされる前は何をされていたのですか？　最後におっしゃられためざすものが早くて書き取れませんでした。もう一度お願いします。

A2. 現職の前は，滋賀県東近江市立図書館に勤務していました。もともとは，1987 年に大阪府豊中市立図書館に奉職し，1998 年に，人口 6,500 人の滋賀県永源寺町図書館準備室に転籍し，2 年間の準備作業を経て 2000 年に永源寺町立図書館の職員となりました。その後，2005 年に市町村合併により東近江市となり，八日市図書館，能登川図書館で勤務し，瀬戸内市に来る前の 2 年間は再び永源寺図書館に戻り，開館 10 周年記念事業に携わることができました。そして，瀬戸内市の図書館開設準備に携わることとなり，2016 年 6 月に開館する予定です。

　24 歳で公共図書館員になり，12 年から 13 年のスパンで所属自治体を変えて新たな図書館整備の仕事に携わらせていただいていることに，とても感謝をしています。

　住み慣れた土地，また働き慣れた職場を去ることは，不安と寂しさ，そしてその土地での課題や夢を置き去りにしてしまうという罪悪感もあり，複雑な心境です。しかし，それぞれの場所で学んだことを，また別の土地で，図書館を求める

方たちのために，少しでも活かし，さらに磨きをかけて「図書館がめざすもの」を追求していけることは，図書館人として，また人間として，とてもありがたいことだと感じています。

Q3. 滋賀県と岡山県では，図書館の風土・県民意識に差がありましたか？

A3. 難しい質問です。あくまで，私の感じ方ですが，滋賀県人は，やはり近江商人の土地柄でしょうか，質実剛健でしっかり者な感じがしました。たとえば，年長者が同席するアフターファイブでの会合でも基本的に割り勘でした。大阪育ちの私には最初は違和感がありました。でも，人情味もあり世話好きな方も多い印象です。また，批判精神も旺盛で，反骨精神というか，大権力を嫌う傾向も強かったように思います。保守的な側面よりは，変革，革新を好む土地柄のように思います。

　一方，岡山ですが，よく言われる県民性は，災害もなく住みやすい土地なので，自分本位で他者に冷たく危機管理意識も低いとされ，事実私も地元の方々が自分たちをそのように評するのを何度か耳にしました。しかし，実際には，おおらかでのんびりしていて調和を尊ぶ優しい土地柄だと思います。私が感じたのは余計なお世話はしない，ということでしょうか。でも，困ったときはお互いさまという風土文化がしっかり根づいているように思います。太古の昔から住みやすい，海，緑，山に恵まれた豊かな土地に住んでいるという，静かな誇りを抱いていると思います。

図書館については，滋賀の方が粒が揃っているというか，ある程度の施設規模や職員体制，予算措置がなされていて，格差が少ないと言えます。利用される住民も，図書館が暮らしの中にあることがごく自然な感じを受けます。

　一方，岡山は，県立図書館の実績が非常に有名ですが，市町村立は，岡山市，倉敷市が突出していて，他の市立図書館は施設，職員体制，予算規模のいずれも課題があると言わざるを得ません。特に県北と県南の差異は顕著ですが，そうした中で，町立図書館が個性ある活動を展開しています。各自治体の格差是正が岡山県の図書館行政の課題です。

　瀬戸内市でも，登録率，貸出利用者が県下において低位で，新図書館の開館でぜひとも是正していきたいと思っています。

Q4. 瀬戸内市の事例発表の中で，「市民の意見も取り込んだ」というお話がありましたが，具体的にどのように行ったか，どういう部分の意見を取り込んだのかうかがいたい。

A4. 最初のご質問にもお答えしたとおり，「としょかん未来ミーティング」というワークショップで市民のみなさんのご意見を聞き取り，実施できることは実際の計画や建築設計に盛り込んでいきました。また，計画段階から，瀬戸内市出身の世界的な糸操り人形作家の竹田喜之助を顕彰する取り組みをしてほしいという要望がありました。新しい図書館は，もともと建設用地に立っていた郷土資料館が老朽化して存続が難しいことから，解体して整備するという経緯がありましたので，こうした地域郷土資料の展示機能も充実させようという流れがありました。そうした中で，市民のみなさんからも

具体的な要望が寄せられていたので，多目的ホールには，糸操り人形劇が上演できる舞台機構を設置するよう設計に盛り込み，愛称を「喜之助シアター」としました。また，竹田喜之助の製作した人形を展示する「喜之助ギャラリー」も実現させました。

他にも，カフェスペースを設けたり，子どもが多少泣いても他の空間とゾーン分けで気にならないよう建築的な工夫を施すとか，学習席を多く設けたり，無線LAN環境を整備するなど，具体的に出されたご要望にはほぼお応えするような施設になったと思います。

Q5. 私の住む市でも，平成30（2018）年開設をめざして新図書館の新設が決まり，市長が設置場所と基本方針を公表しました（2015.9議会）。今，人口15,000強，市立図書館（1館ありますが，館長は教育委員会と兼務で，実務は3人（うち司書1人，障害者嘱託1人）で回しています。今次の動きが見えず，市民としてどのようにかかわっていけばよいか迷っています。私は高校司書です。市民グループでこれまで6回ほどミーティングやワークショップを開き，「将来の図書館がこうなったらいいね！」という小冊子をまとめました。が，根本的に市側に「専任館長をおいてほしい（おくべき）」「公募してほしい」ということを，市長や教育委員会に要望することは可能でしょうか？　（可能だとして）またその方法は？可能でない場合どうすれば？

A5. 瀬戸内市の事例で言いますと，私が着任する前年に，図書館整備を求める市民グループのみなさんが，議会に陳情を

出され，それが採択されたことが，市長が図書館整備を進める上で一つの原動力になったのではないかと思います。請願の内容は，準備段階から市民への情報公開と計画策定に市民を参加させること，また，準備段階から図書館の専門家を準備室長として迎えることなどがあげられていました。この請願を重く受け止めた市長が，基本構想ができる前の段階で，館長候補者を全国公募し，私が着任しました。

　市長や教育委員会に要望を出すことも，市民活動として大切なことでしょうが，市民の代表である市議会のみなさんのご理解を得るということも，大変意義あることだと思います。

　市長をトップとした市の政策の妥当性を吟味しチェックするという重要な役割を果たす議会が，市民の直接の声を受け止め，その請願を採択するということは，その内容の子細なあり方は別として，少なくとも図書館行政の方向性について基本的な理解を示したことになりますから，市長が図書館に積極的ならば当然追い風になりますし，仮に消極的であれば，重い腰を上げる契機になるとも言えるのではないでしょうか。

　こうした経緯があったこともあり，新図書館整備の進捗については，情報公開と市民参加は最優先しました。移動図書館の命名や新図書館の愛称を公募したこと，図書館計画づくりは市民参加のワークショップを重ねる中で積み上げていったこと，設計者選定のプロポーザルのプレゼンテーションは公開制で行ったこと，図書館の壁面を飾る「寒風としょかんタイルプロジェクト」では，希望する市民が参加して3,200枚のタイルを製作したことなど，事業の推進に市民がかかわることをかなり意識して行いました。

Q6. 瀬戸内市新図書館を「公設公営」とすることについて，議会の反応は？　また，財政的に民営と比較して負担が大きいと思うが？

A6. 瀬戸内市の公共施設には，社会体育施設など，指定管理者制度により管理運営しているケースもありますので，議会としても委託の選択肢も提起できたとは思います。しかし，図書館については，規模や財政措置の負担をめぐっての議論はありましたが，民営化という議論はほとんど表出しませんでした。岡山県内で図書館の委託，指定管理者導入がほぼなかったことも影響していると思いますが，武久顕也市長が直営での図書館運営を重視したことが大きかったと思います。

　財政的に民営化と比較して負担が大きいと思うが…とのご意見ですが，これは投資した経費とそれによって得られる便益（財政出動による政策が功を奏して市民にもたらされる利益）をどのように評価するかだと思います。

　たとえば，長時間開館していることを市民にとって最も便益が高いととらえるなら，たくさんの職員を雇用してローテーションを組み，年中無休，9時から21時まで開館という施策を講じるでしょう。しかし，一方で財政負担を大きくしたくなければ，正規公務員を従事させることは高コストとなるので，低賃金の非正規従業員によって管理運営体制を講じている民間事業者への委託，ないしは指定管理者導入を選択することになります。しかし，こうした事業者のもとで雇用されているスタッフは，一般に長期的な雇用が保障されず，また従事する業務も定型的な労務であることが多く，図書館司書としての経験を積むことが難しいとされています。資料に

対する知識や調査相談スキルなど,専門的な技量が十分に育成されない可能性が高くなります。

また,地域課題に即した情報提供や調査研究支援などの業務を,庁内他部局や市民と連携して行うことも組織体制から難しく,きわめてシンプルな貸出サービスに特化されるケースが多いようです。

よく知られているように,図書館法第17条は,図書館利用に際して対価を徴収することを禁じていますので,業務を請け負う事業者は,業務の要求水準書を超えたサービスを実施するインセンティブを持てません。つまり,委託,指定管理者制度による管理運営事業者が利益を得るには,できるだけ雇用人件費を抑制し,自治体から求められる以外の余計な事業は行わないで,財政から受け取る委託料ないしは指定管理料に対する経費を抑制するように企業倫理を働かせざるを得ない構造性を持っています。

しかし一般に,「民間のノウハウを活かして」という言説に象徴されるような,民営化すると少ない経費でサービスが向上するという神話が流布されています。

こうした質の向上にとっては,負の要素となる構造的な問題はあまり議論されず,開館時間の延長やカフェサービスとの提供というような表層的な議論だけが注目されているようです。

市民が何を重視し,どのように財政支出を活かすかは,議会での議論も含めて広く認知され,意見交換されるべきだと思います。そのためには,まずもって「図書館がめざすもの」とは何か,ということが市民を巻き込んで活発に議論されることが重要だと思います。

Q7. 郷土資料や本物の土器（塩田）などを融合させて，一般資料「塩こうじの本」と結びつけていくという案は，すばらしいと思いました。おそらく，年老いた方々の塩田づくりもお聞きになることと思いますが，こういう仕事内容は，図書館業務の中で位置づけ，職員とボランティアさんで進めていく予定でしょうか。私の館は古い考えなので，図書貸出，返却，レファレンス，等の仕事が図書館の仕事だと思っています。どういうふうに投げかけたらいいのでしょうか。

A7. 図書館で，図書館資料としての本と，郷土歴史文化を伝え残す，モノとしての博物資料，史料の活用を前提にした図書館計画を構想していましたので，当初から学芸員を準備室スタッフとして配置し，開館後も運営に携わってもらう計画です。しかし，図書館，あるいは自治体施設が自己完結的にこれらの事業を実施しようとすることには，いろいろな面で限界があると思っています。多くの地域郷土資料を管理，保存，活用していくには当然マンパワーが必要です。しかし，財政には自ずと限界があり，現有のスタッフ数では，こうした資料の組織化，活用が，量的にも時間的にも十分に進められません。

　もう一つの要因は，これら地域郷土資料の組織化，保存，提供，活用を企画，推進すること自体が，実はきわめて有効な地域郷土学習プログラムとしての性質を持っているということです。こうした要素を生涯学習プログラムとして活用することは，きわめて意義があります。たとえば，ある地域資料の目録をつくる，あるいはできあがった目録と写真記録を組織化し，デジタルアーカイブとして入力していく，さらに

は，そうしたコンテンツを活かして，地域学習のメニューを作成するなどの仕事は，その取り組みプロセスに多くの学びが内在しています。仮にこうした取り組みに，当該地域の古老に参加してもらえれば，その資料には記述のない地域の事実について，話を掘り起こせる可能性もあります。

実際に，当市で取り組んだ地域写真のデジタルアーカイブ「みんなでつくるせとうちデジタルフォトマップ」の制作ワークショップでは，地域の高齢者数名に協力してもらい，被写体の撮影当時の思い出や映像に映し出された事実の解説をしてもらったことがあり，これらはアーカイブのコメントとして記録しています。

ですから，とりわけ，地域郷土学習展示関連の取り組みは，市民のみなさんのボランティアにより，今は市民一人ひとりの頭の中に保存されている「記憶」を，地域アーカイブという「記録」にしていくために，ご協力をいただくことが不可欠だと思っています。

図書館は，人類も含めた自然界の記録や文明の産物を，書物というパッケージにして集められた知の宝庫です。地域の記録もその重要な一つですので，こうした情報をきちんと記録し，保存し，提供，そして活用していくことも図書館員の大切な仕事の一つだと思います。

貸出，返却，レファレンス，等の仕事が，図書館の重要な責務であることは間違いありませんが，そのようにして役立てられるコンテンツのうち，地域郷土資料はその土地の図書館，文化財担当者にしかできない仕事です。

しかし，これまで述べてきたように，それは図書館が自己完結的にやり切れるものではありませんし，また，教育的効

果という面でも,市民のみなさんが主体的に参画することで,より必要な学びが創造され,その学びの成果が,次の世代への継承文化として構成されていくことになります。

ですから私たち図書館員は,こと地域郷土学習については,そのコンテンツづくりから保存,活用まで,市民のみなさんのお力をぜひいただけるよう,これは責務としてお願いしていくべきではないかと考えています。

Q8. 移動図書館のこれからの利用方法,あり方を教えてください。

A8. 移動図書館の役割は終わった,というような見方が2000年代初めから出始めて,2000年代半ばの「平成の大合併」で,図書館未設置自治体が,設置自治体と合併することで図書館設置自治体として認識され,かろうじて運行されていた移動図書館が廃止されたり,合併した構成自治体に図書館があることを理由に,固定施設から遠いエリアの住民のために存在した移動図書館が廃止の憂き目にあったりしています。

移動図書館は,基本的には「全域サービス」を補完するものとして生まれたものですから,自治体内の図書館数にかかわらず,固定施設までの距離が遠い住民に対して提供されるべき当たり前のサービスです。しかし,現在は,「場としての図書館」という捉え方が矮小化され,施設,空間としての図書館設計,あるいはサービスメニューの斬新さが競われていて,「いつでも,どこでも,だれでも」という生涯学習の最も重視されるべき価値がなおざりにされているように見えます。

一方で,地方自治体の財政難という避けがたい課題もあり,

公共サービスについても効率化，費用対効果という評価軸が支配的になってきています。

効率的にサービススキームを構築することに同意はしますし，かかる費用に対して適切な効果が生まれるように業務は設計，実施されるべきだとは思います。しかし，政府による公共サービスが，民間のそれと単純比較されることには異議の申し立てをしなくてはならないと思います。

そもそも公共サービスとは，必要とされるけれども，市場（民間）では成立しない財やサービスを，財政という住民から応分に負担をされた税金によって提供されるものです。ですから，財政は，時の為政者が勝手に差配できるものではなく，議会の審査という民主主義的な手続きを経て，その予算や決算の妥当性が正当化されているわけです。

「財政民主主義」という言葉があるように，財政で賄われる公共サービスは，単純に効率的，効果的であるという評価を超えて，市場では利潤も効果も薄くて取り組まれないけれど，それを必要としている住民がいて，それが保障されなければ，教育，福祉，医療という，人間が文化的に最低限の生活を送れない恐れのある事態を招来しないように，取り組まれる重要な価値だと思います。

そうした観点から，図書館サービスが行き届かない住民に，いかにして読書や学習する権利を保障するかについて，図書館員はもっと謙虚に考え，取り組むべきだと思います。

移動図書館専用車両の運用が，経費的に厳しいのであれば，軽自動車のバンで小まめに本を届けるということも考えられると思います。あるいは，日中，地域に在宅していない高齢者を対象に，高齢者の入所，通所施設に巡回訪問をすること

もできるでしょう。学校図書館に幸い学校司書がいるならば，保育園，幼稚園に特化した移動図書館サービスをすれば，幼保学連携で未来の読者を育てられるでしょう。

　図書館という施設空間だけでなく，地域に目を向け，まだ見ぬ利用者に出会う努力を，私たちはめざさなくてはならないと思います。

　その手段として，移動図書館サービスは，まだまだ終わっていないと思います。

Q9. 瀬戸内市長武久氏の施政方針と，真逆とも言える元武雄市長樋渡氏の施政方針により，これほどまで図書館のあり方が変わってしまうとしたら，館長職でもない平職員は図書館のあり方をどのように体現すればよいのでしょう。

A9. 図書館は，職員と住民の相互関係により，そのあり方が形づくられていくものだと思います。市長がどのような政策を展開しようとも，いずれその評価は市民が実際的な生活態度や投票行動で反応してゆくものと思います。

　とは言え，図書館の運営を指定管理者にまるごと託されてしまうと，自治体職員としての図書館員ができることは，残念ながら多くはないでしょう。

　しかし，一市民として，あるいは一生活者として，公共図書館のあり方を構想したり，検討，議論，発信することはできると思います。幸いにして，首長がただちに民営化を打ち出していないならば，本来，公共サービスとしてなされるべき図書館サービスを，できるだけ具体的に構想し，実践に邁進するべきだと思います。

そして，公共図書館も，もっとデザインや発信する言語活動について，さまざまな分野から学び，積極的に取り入れるべきだと思います。そのために必要な予算も，最初からダメだと思わずに，説得力ある説明を構想して要求すべきだと思います。チャンスは，「開館○○周年事業」を銘打って，新たな図書館のロゴデザインをつくる経費を要求するとか，愛称を公募するとか，市民参加も意識した図書館イメージを一新するためのイベントを計画的に企画，実施することが重要だと思います。単なる表面的なイベントでは，薄っぺらい事業になりますので，たとえば，地域郷土資料の保存，提供，活用をその土地らしさをクローズアップしたストーリーにしてアピールするなど，重層的な企画を練り上げることが重要だと思います。

　外部資金の調達にも積極的に取り組みます。企画課に相談して，各種財団や自治総合センターの助成事業がないか，あるいは教育委員会の生涯学習課などで，県の子育て補助金や生涯学習支援プログラムの補助金がないか，福祉課の高齢者福祉のメニューで大活字本や録音図書を購入できる助成事業がないか，など，いろいろな部署に相談をして，図書館が企画立案や資金調達にも積極的な取り組みをしていることをアピールすることが重要です。

　一所懸命やっていれば，必ず応援してくれる人があらわれます。行政内に，あるいは議員さん，また市民の方から，思わぬ支援をいただいたことがありました。

　「案ずるよりは産むがやすし」ではないですが，将来を悲観するよりは，可能性を見つけて挑戦する方が，精神衛生上もよさそうです。

図書館について，多様な価値観，あり方が存在すること自体は歓迎すべきことだと思います。ニュース番組の特集で，図書館が取り上げられること自体，これまであまりなかったことです。一方で，生涯学習という価値や，公共サービスとしての財政の使途として，必ずしもお手本とは言い難い営みがあることは否定できません。しかし，それらは，それなりに批判的な言説や報道に晒され，部分的には淘汰されている面もあると思います。

　図書館員としての私は，そうした望ましくない活動に失望したり，批判したりするかわりに，幸いにして財政民主主義の理念のもと，公設公営で仕事をさせてもらっているわが町の図書館を少しでも魅力的に，そして役立つものとして，さらには誰からも愛され慕われ，癒しの空間にもなる「本のある広場」として育てるために，できることを考え，実践していきたいと思います。

　念のため申し添えれば，好ましくない状況を批判すること自体は，重要なことだと認識しています。

Q10. 瀬戸内の新図書館における YA サービスのミッションやビジョンは何ですか？

A10. 図書館を，最も利用しない年代でありながら，せっかく来館したヤングアダルト（YA）世代を図書館側が追い出しているという現象があります。自習利用がそれです。かつて，自習目的の学生に占有され，一般の閲覧利用者が利用できなかったという歴史的な経緯を踏まえ，図書館は，図書館資料を利用するために座席を提供しているのであって，自習利用

は本来的な利用でないのでこれを禁止するという方策が一般的となりました。

　それは，現在のように蔵書が十分にはなく，蔵書は書庫に保存され，出納された本を閲覧席で読むという時代のことで，貸出はまだ盛んでない時代に始まった議論でした。その後，1980年代に入り，貸出利用が増加し，図書館建築は，閲覧スペースの確保よりも，書架を多く配置し，できるだけ多くの資料を借りていただくことが重要な要素になりました。この時代にできた図書館は，とりわけ閲覧スペースが少ないので，学生の自習利用がより迷惑行為として忌避されました。

　しかし，90年代に入り，滞在型図書館という呼称も生まれ，図書館は貸出サービスだけでなく，ゆったりとしたスペースで読書したり，さまざまな市民活動に役立てるための多目的集会施設も重要だという思想の図書館建築が登場してきました。2000年代には，持ち込み自習を容認するような学習専用席を持つ図書館も出てきました。

　さて，自習の席貸しが図書館の本来的な役割かどうかというと，多くの図書館員が本来的機能ではない，と考えていることと思います。私も，基本的にはそう思います。

　一方で，学生たちが，静寂で落ち着いた空間で，その年代に応じた必要な学習行為をするスペースを誰が保障すべきか，という問いが横たわっています。

　それは，家庭で解決されるべき問題だという意見や，学校教育が手当てするべき課題だなど，いろいろな対処策や責任分担論があるかと思います。一般に，自宅で集中できる学習場所を確保するのが難しいのは，貧困家庭の子どもたちであるという現実もあります。

一方で，図書館サイドの現実的な問題としては，図書館利用から遠ざかる世代をいかに利用に結びつけるかという政策課題があります。

　私は，YA サービス課題として，自習利用の保障と，その来館行動をなんとか本来的な図書館サービスの利用につなげられないかと考えています。図書館の本質論は，この際，脇に置きます。大切なのは，利用してほしい世代が来館しているのに，その人たちを追い出しているという矛盾です。

　最初にお断りしなくてはならないのですが，いまから展開する議論は，人口が集中する大都市部の図書館では，有効なものとは言えません。しかし，少なくとも，私が勤務経験のある人口 40 万人程度の都市で，人口 6 万人あたりに 1,500 ㎡から 3,000 ㎡の図書館が 1 館ずつある場合には，一定程度有効だと思われる施策です。

　図書館には，集会室，多目的ホールというものが設けられているケースが多いと思います。ですが，その稼働率はそれほど高くないのではないでしょうか。月に数回の映画上映会，年に数回の講演会や展示会などが主だったところでしょう。毎日開放することはできなくても，空いているときは自習席として開放することは，それほど難しいことではないと思います。難しいのは，図書館は自習するところではないという図書館員側の意識の方でしょう。管理上の問題ということもあげられると思います。

　しかし，定期試験や進学受験という，その世代特有の学習ニーズに，空間の提供ということだけでなく，キャリア教育という情報提供とセットであれば，取り組む価値があるのではないかと思います。たとえば，集会室に長机を出して座席

をつくり，部屋の一角に「キャリアサポートコーナー」として，資格取得の本や仕事紹介などの関連本をブックトラックで配架します。あるいは，「ちょっと息抜き」と題して，雑誌やラノベ（ライトノベル），マンガや絵本，料理やファッション，バイクやコンピュータ関連のセレクトコーナーをつくります。また，図書館員の「おススメ本」リストや「私が今の仕事につくまで」と題した，キャリア形成プロセスの手づくり冊子を，地域の「オトナ」の協力を得てつくります。

　ということで，瀬戸内市立図書館のYAサービスのミッションは，四の五の言わずに，その世代が最も求めている知的行為のための環境をまずは提供すること。そして，それに応えて来館してくれたYA世代に，多様な興味関心を前提に，さまざまな資料があることを知ってもらうこと。そうした資料をできるだけわかりやすく展示し，SNSなどのメディアも活用して広く情報発信して，実際の利用に結びつけていくことです。そうした取り組みを通して，YA世代の思考や人生の選択を，少しでも豊かなものにしてもらうことが，重要なミッションだと思います。その結果，YA世代の図書館利用が増加に転じれば，公共サービスとして自習スペースを提供することの意義が，図書館界でも認められるのではないかと思います。

　その一環として，放送大学のテキストを全点購入し，YAコーナー（「チャダルト・ガレージ」という名称です）の近くに配架しています。大学受験のための勉強は必至でしょうが，大学に行ったらどんな勉強ができるのか，という一端を垣間見てもらえればと思います。「自習だけでは帰さない」，それが，瀬戸内市立図書館のYAサービスのスローガンです。

3.2 私が考える「図書館のめざすもの」

ご質問にお答えする中で,私が考える「図書館がめざすもの」を,引き出していただいた感じがします。第101回全国図書館大会第14分科会＜図書館を語る＞「図書館の役割を再考する」は,まさに,そうした思いが持ち寄られた時間で,私自身,多くの発見と,そしていろいろな思いや思想を分け合えた時間でした。

竹内悊先生から示唆をいただいた,「持ち寄り,まとめ,分け合う」という表象は,私が考える図書館がめざすものに通奏する理念です。市民が自らの課題や人生の意義について,優れた書物や有益な情報との出会いを通して,他者や世界を,そしてほかならぬ自分自身を発見する,そうした営みを支えるものとして,図書館はあるべきだと考えています。

新しい図書館は,「瀬戸内市民図書館もみわ広場」と名づけました。「もみわ広場」という愛称は,全国公募により寄せられた777件のアイディアから選ばれました。「もみわ広場ってどういう意味ですか？」とおたずねを受けるたびに,「もちより・みつけ・わけあう」の頭文字をとったこと,「もちより」とは,「みつけ」とは,「わけあう」とは,のご説明をする機会にしています。

私が携わっている瀬戸内市立図書館の基本理念を「持ち寄り・見つけ・分け合う広場」とさせていただいたことに,大きな責任と喜びを感じつつ,住民のみなさんと,悩んだり迷ったり,議論したりしながら,ひたむきに「しあわせ実感都市・瀬戸内」をめざしていきたいと思います。

4章 学校図書館のめざすもの

加藤容子

4.1 学校図書館のめざすもの

　中学校図書館の3学期，放課後は受験勉強の3年生の姿が目立つようになります。友だちどうしで問題を出し合っている声が聞こえます。問題を出す子が「大政奉還…」と言いかけると，すかさず「1867年！」と答えます。「じゃなくて…」と言うと，「徳川慶喜！」。「じゃなくて…」，「王政復古の大号令，鳥羽・伏見の戦い，五か条の誓文，薩長同盟，公武合体……」。「問題を最後まで聞かずに，よく答えられるね」と言うと，答えていた子は「ノートに書いたことは全部覚えているから，大政奉還のあたりにまとめたことを答えれば，たいてい正解する」と言います。ノートを見せてもらうと，年号や人物名が整然とカラフルにまとめてありました。「歴史を覚えるのって好き」と言うだけあって，暗記力も驚くばかりです。

　生徒がノート1ページにまとめた内容について，多くの歴史研究者が史実を読み解き，小説家が史実の隙間を想像して，時代の変化や人間の生活を書きあらわしています。生徒にそれを見てほしいと思い，「幕末に関係ある本だけでも，こんなにあるよ」と書架を案内しました。日本史通史のシリーズや，『武士の家計簿』(磯田道史著，新潮社，2003) などの歴史教養

書,歴史小説の『竜馬がゆく』(司馬遼太郎著,文藝春秋,1972),『よろずや平四郎活人剣』(藤沢周平著,文藝春秋,1983),『和宮様御留』(有吉佐和子著,講談社,1978),児童文学の『京のかざぐるま』(吉橋通夫著,岩崎書店,1988),『徳利長屋の怪』(はやみねかおる著,講談社,1999),『新選組』(三田村信行著,ポプラ社,2003)などです。

　中学校の学習は,高校受験に対応することを避けては通れません。しかし,いま歴史の年号を一生懸命覚えている子どもたちが,あるとき,徳川幕府がなぜ大政奉還を行ったか,下級武士がどんな生活をしていたか,幕末に日本が外国からどのような影響を受けたかなどを,調べたくなるかもしれません。学校図書館の蔵書は,子どもたちが「こんな本もあるんだ。読んでみようかな」と思えるようなものでありたいと考えています。また,子どもたちが調べたいと思ったときには,たくさんの史料と出会うことができ,歴史のおもしろさに触れられる図書館でありたいと願っています。

　子どもたちが通う学校に,図書館は必ずあります。学校を学びの場にするためには,一人ひとりの知的好奇心とひびき合う資料が必要です。そして,いつでもその資料を手に取ることができる環境が要ります。また,教師が授業をつくるのに,教材はとても大事です。教科書を使うだけでは知識の詰め込みになってしまいがちですが,子どもたちとひびき合う資料を準備して授業を組み立てると,子どもたちは考えたり納得をしたり,心を揺さぶられたりしながら知識を身につけることができるからです。学校図書館が,そういう学びを支えられるように,蔵書を形成し,図書館活動を行っているところです。

いろいろな本を読むことで、子どもたちは、自分の好きなことや自分の内に持っているよいものに気づくでしょう。学ぶことでそれを伸ばし、自分の持ち味を生かして社会的に意味のある存在に育っていく、そういう可能性が広がるのではないでしょうか。

(1) 一人ひとりの子どもの学び

　子どもは母親の体内から生まれ出るとそのときから、自分を取り巻く社会や文化からさまざまなものを学び取りながら生きています。もともと持っている自分のよさと、他者とのかかわりを通して、自らを変えながら成長しているといえます。学校教育の学びも、他者とのひびき合いで、自分とは違うものを受け入れながら成り立つのではないでしょうか。

　学校には子どもたちが成長するための、他者とのかかわりがたくさんあります。友だちや教師との対話があります。体験学習もあります。授業での学びがあります。授業では、知識を系統立ててわかりやすく整理した教科書を使って、クラス全員で学習します。教科書に書かれている内容の背景には、これまでに人間が感じたり、考えたり、見つけたり、行動したりしてきた膨大な記録があります。学校図書館は、子どもたちが求めればいつでも、人類が築いてきた知識と出会えるように保障するところです。

　興味関心から調べものをするとき、あるいは授業でわからなかったことを自分の力で解決しようとするとき、子どもたちには学校図書館を利用してほしいと呼びかけています。中学3年生の国語で『高瀬舟』を学習した男子生徒が、「作者の森鷗外のことを調べていたら、陸軍軍医だった鷗外は、脚

気の原因を細菌だと誤り,日露戦争で2万7千人を死亡させたことが書いてあったが,本当のことを知りたい」と,図書館にやってきました。知りたいという自分から生まれてくるエネルギーに触れて,学校司書としても資料を手渡しするのに力が入りました。その子は,紹介した資料の中から吉村昭の『白い航跡』(講談社,1991)を借りていきました。

　知りたい対象はそれぞれに違いますが,深く知りたいという気持ちは自分の中からしか生まれてきません。納得できる資料と出会い,知りたいと思っていたことがわかる,そうした経験を重ねて,子どもは学ぶ楽しさに気づくのだと思います。

(2) 一人ひとりの教職員の授業づくり

　勤務校である津山市立北陵中学校の学校目標は,「豊かな人間性を培い,主体的,創造的に自己実現をめざす,心身ともにたくましい生徒を育てる」です。そして,職員全体の研究主題は,「認め合い,支え合い,確かな学びをめざす生徒の育成　〜基礎・基本を定着させ,活用型学力を高める〜」です。「活用型学力を高める」とは,思考力・判断力・表現力を育むことと位置づけてあります。

　校内研修で子どもの学力や授業の「質」を検討するとき,高校受験への対応と同様に,毎年実施される国や県の一斉の学力学習状況調査の点数は,無視できない空気があります。有無を言わせない点数と順位を前にして,子どもの学力というものを点数ではかることができるのかという大きな問題は,横に置いておかれます。一人ひとりの子どもの毎日の学びの評価ではなく,津山市や全国の平均と比べての評価が取り上

げられ、もっと点数を上げるための対策を急いでいる傾向を感じることもあります。子どもたちが学習した内容を忘れないように、ドリルや反復学習が授業でも行われるようになり、毎日行われていた朝の10分間読書も、3年生になるとなくなり、朝学習に変わりました。1・2年生も週に1日は朝学習になります。

　その一方で教師は、日々の授業に工夫を重ねています。日本史では、教科書に記述がある歴史的な事柄と、当時の津山市で起こったことをつなぎながら読み解いていく授業がありました。鎌倉時代の元寇の際に、中学校区にある中山神社は、勅命により国家安穏を祈願する祭祀を厳修したこと、また、私たちの住んでいる地域からも兵が北九州に赴き、命を亡くした武士がいることが記録に残っています。郷土資料を使って、鎌倉幕府の勢力の波及について学習しました。

　この教材の発掘を、学校図書館も担いました。とはいえ、歴史研究の知識がない一人の学校司書にできることは、専門家の協力を仰ぐことだけでした。津山市立図書館や津山郷土博物館、郷土の歴史を研究している方などを訪ね、話をうかがったり資料を教えていただいたりしました。教師は手に入れた資料を、どの場面でどのように子どもたちに示していくかを組み立て、授業を行いました。この授業で子どもたちは、歴史というものは残された資料を分析して解明していくものだということを、理解したと思います。歴史を為政者と民衆の両面から見る目は、今後の歴史学習全般に生かされるのではないかという期待を感じます。

(3) 学校図書館の蔵書

　学校図書館の蔵書冊数については，1993 年に文部科学省が「学校図書館図書標準」を示しています。北陵中学校の 23 学級の規模だと 15,520 冊になります。北陵中の蔵書冊数は現在 12,416 冊で，「最低これだけは」といわれている「図書標準」の 80％です。到底，図書館活動を行うのに十分なものではありません。利用者からの予約や授業での調べる学習に必要な資料は，近隣の小・中学校や公共図書館の協力を得て，どうにかこうにか提供しているのが現状です。津山市立図書館には閉館間際に駆け込むことが日常ですが，そこで学校司書の仲間と鉢合わせするのもよくあることで，どこの学校図書館も図書館間のネットワークがあって成り立っています。

　1 万数千冊という蔵書冊数で，知的な宇宙を構成するのは正直なところ困難を感じます。それでもこの小さな学校図書館が，人間がこれまで積み上げてきた膨大な知の世界へつながっていく，入口にはなりたいという思いがあります。自分が求めれば，どこまでも知識や情報の世界に踏みこんでいくことができる，図書館はそれができるところだと，子どもたちが体験で知る図書館サービスをしていかなければならないと考えています。

　何かを調べるとき，私たちは，自分にとってわかりやすい資料を手に取ります。自分が体験したことや身につけてきた知識から，ひびき合うものを選ぶのでしょう。このテーマを探求するなら，これを読まなくてはならないという基礎資料がありますが，自分の中に入ってきやすいものとそうでないものがあるように思います。また，明らかに自分の理解のレベルを越えて手が出ないというものもあります。

利用者一人ひとりが自分に適した資料と出会うためには，学校図書館が多様な資料を備えておく必要があります。同じテーマでも，入門書からより専門的なものまでが必要です。テーマを広げたり深めたりするには用語辞典，解説書，研究書，評論など体系的に揃っていなくてはなりません。また，データや図，写真やイラストが豊富なもの，新聞の切り抜きなど多方面からアプローチできることも考慮します。見解が分かれるテーマであれば，それぞれの立場の考えに触れられる資料集めが欠かせません。

　一つのテーマについて調べていくと，かかわりのある問題が，樹木が枝を広げるように伸びていきます。

　たとえば，私事で恐縮ですが，なぜ学校に図書館が必要なのか，学校司書は何ができるかということは，学校司書になってから現在までずっと私の課題です。30年以上が経ち，他者から学んだことはたくさんありますが，それ以上に知りたいことは増える一方です。

　『教育としての学校図書館』（塩見昇著，青木書店，1983）や『学校図書館の可能性を語る』（竹内悊・伊藤峻対談，学校図書館を考え専任司書配置を願う市民の会，2002）に出会い，学ぶ喜びと読む自由を保障することは，一人の人間の成長とかかわるというイメージができました。『学校司書の教育実践』（塩見昇・土居陽子著，青木書店，1988），『教育を変える学校図書館の可能性』（学校図書館問題研究会編，教育史料出版会，1998）などで，学校司書の具体的な実践に触れ，刺激を受けたり模倣したりしながら，学校教育を充実させる学校司書の仕事を手探りで行いました。

　授業づくりにかかわるようになると，学びとは何かを問う

ようにもなりました。『「学び」から逃走する子どもたち』（佐藤学著，岩波書店，2000），『かすかな光へと歩む　生きることと学ぶこと』（大田堯著，一ツ橋書房，2011）などに示唆を受けました。そして，1985年にユネスコが採択した「学習権宣言」や，1999年の「ユネスコ学校図書館宣言」に心揺さぶられました。

　調べる学習が子どもたちにとって，問題意識と意欲を持った取り組みになるためには何が必要なのか，教師とともにたびたび考えます。そして資料の探し方や読み取り方，情報を読み取ったり伝えたりする方法を身につけることの重要さにも関心が向かいました。『しらべる力をそだてる授業！』（赤木かん子・塩谷京子著，ポプラ社，2007），『世界を信じるためのメソッド』（森達也著，理論社，2006）などがヒントをくれました。

　本を読むという行為についても，改めて問うことが多くなります。『読む人間　大江健三郎　読書講義』（集英社，2007），『だから子どもの本は面白い』（広瀬恒子著，新日本出版社，2006），『誰だハックにいちゃもんをつけるのは』（ナット・ヘントフ著，坂崎麻子訳，集英社，1986）などでは，本を読むこと，本を手渡しすることの意味を何度でも考えさせられます。

　このように学校図書館というテーマから，図書館の機能，学び，読書など多くのキーワードが発生します。学校図書館に関する書架に行くと，どのキーワードについても応えてくれる資料が準備されている，そんな蔵書を形成したいと考えます。資料群として，利用者の学びを広げられるのが図書館だと思います。

　学校図書館資料の「質」が話題に上ることはよくあります。

「教育的配慮」から，学校図書館の蔵書としてふさわしくないと取り上げられる作品もあります。学校司書としても，予約に応えるのに苦しい思いをすることは確かにあります。発達可能体である子どもだから，また短い子ども時代だからこそ，成長の力になる「よい本」に触れてほしいとも思います。

しかし，心揺さぶられる本は一人ひとり違います。どういう状況で，どのような出会い方をするかによっても変わってきます。また，学校図書館にある資料というのは，図書館が「よい本」とすすめていることとは一緒ではありません。子どもであっても，読む人一人ひとりの自由を大事にする，自分が求める資料を選んで利用することができる多様性を大事にして，構成しようとしたものです。

学校図書館で子どもたちに本を手渡ししていく際に考えているのは，子どもを保護するだけの存在としてとらえないことです。未熟な存在だから，大人が「よい本」を選んで与えるという発想だけにしないことです。子どもが学校図書館に求める資料で，ふさわしくないと問題にするときは，子どもも参加して開かれた場で，その資料について語り合うことを心がけています。

図書館の蔵書は，資料群として意味が付加されることがあると思います。問題になった資料があるとすれば，何が問題なのかをあぶりだしてくれる資料や，問題になったことを記録したり分析したりした資料が同時に蔵書としてあれば，問題の資料は単に問題の資料ではなくなり，問題提起の資料となる可能性さえあるように思います。北陵中学校の選書は資料収集方針に則り，日常的には学校司書が，子どもたちや教師の資料要求を受け入れながら行っています。

4.2 学校図書館を活用した学習

(1) 校内で実態調査

勤務校で,教職員を対象とした調べる学習についてのアンケートを行いました。2015年度,教材研究に学校図書館資料を利用した教職員は80.5％で,教材を工夫している教職員の実態が,データから確認できました。

授業に調べる学習を取り入れている教職員は45.5％で,国語,社会,総合的な学習での実践が多く,数学,理科,音楽では実践がありませんでした。

次に,「調べる学習を実践する際に,必要だと考えること」を,選択肢を8つ用意して質問しました。一番多い回答は「生徒の調べたことをまとめたり,伝えたりする力」でした。続いて「豊富な資料」,「テーマに関する生徒の興味・関心」,「インターネットが使える環境」,「情報を読み取る力」,「テーマに関する教職員の知識」,「情報収集能力」,「情報リテラシー」の順でした。

また,アンケートの自由記述の欄には,「調べる学習は,子どもたちが興味をもって生き生きと取り組むので,もっと行いたいが,時間がかかるので多くはできない」,「一人ひとりが得たものを全体の学びにしていくのが難しい」などがあがりました。校務分掌の図書館教育部会でも,調べる学習を実のあるものにしていくために,「学校図書館を使った調べ学習の進め方」（表4-1）を提案しました。

(2) 絵本づくりの導入

3年生の家庭科では,保育の単元で絵本の創作を行います。

表4-1 学校図書館を使った調べ学習の進め方

	児童・生徒	教諭	学校司書
調べる前の学習		■学習計画を立てる。	
		■学習内容・学習計画の打ち合わせ。 ■調べる内容の確認。	
			■学校図書館として何ができるかを考える。 ■資料収集
			■図書館資料に目を通す。 ■学習に使える資料を点検しておく。
		■学習計画の再構築をする。	
	■調べる学習のテーマを把握する。	学習内容・学習計画を、児童・生徒に伝える。	
	■テーマに関連した本を読んでみる。 ■テーマに興味・関心をもつ。 ■テーマを明確にする。	調べるテーマに対して、児童・生徒が興味・関心をもつような学習をおこなう。	■調べるテーマに対して、興味・関心がわく資料を紹介する。 ・ブックトーク・読み聞かせ ・ブックリスト ・テーマに関連した展示
	■調べる方法を身につける。 ・分類のしくみと蔵書の配架について知っている。　　　　　・目的に応じた資料を使いこなすことができる。		■資料の探し方をつたえる。 ・分類と配架 ■資料の使い方を伝える。 ・百科事典や年鑑などの参考図書の使い方 ・新聞 ・パンフレット、リーフレット ・インターネットの使い方 ・インタビューの方法　など
調べる学習	■テーマを明確にする。 ■調べるポイントをしぼる。 ■必要な資料をみつける。 ■資料を読んで、情報を集める。 ■集めた情報を整理したり、分類したりする。 ■テーマについてわかったこと考えたことをまとめる。 ■必要な資料は、レファレンスサービスや予約制度を使って、手に入れられることを知っている。	■調べる学習のすすめ方を伝える。 ■テーマについて児童・生徒と一緒に考える。	■資料相談・資料提供 ・レファレンスサービス ・予約制度 ・一緒に読んだり考えたりする。
	■調べたことをふり返り、テーマに即して、わかったことと考えたことをまとめる。	■まとめ方を伝える。	■調べる学習における「考える」方法を伝える。 ・比較する ・分類する ・多面的にみる ・関連づける ・構造化する ・評価する
調べた後の学習		■論理的な表現の方法を伝える。 ・レポートや論文のまとめかた ・著作権や引用、個人情報などにおける注意点 ・新聞やポスターの特徴をおさえたまとめ方 ・プレゼンテーション・ソフトを使ってのまとめかた	
	■調べてわかったことと考えたことを発表し、人に伝える。	■発表の仕方をつたえる。	
	■他人の発表を聞き、共感したり疑問を持ったりして、視野を広くして改めて考える。 ・他人の考え(自分と違う考え)を受け入れる。 ・話し合う ・新しい疑問を持つ		
	■調べる学習でもっと調べてみたくなったことや、新たに生まれた疑問を探求する。 ■学びを日常の活動に生かす。		■調べる学習で新たに生まれた興味・関心に応える、資料提供や展示、図書館行事をおこなう。 ■児童・生徒の探求レポートや作品を、学校図書館の資料とする。 ・保存 ・展示 ・閲覧に供する

4章　学校図書館のめざすもの………119

創作に入る前に,実際に絵本に触れる時間を図書館で持ちます。学校司書としては,「絵本って,なあに？ 〜あらためて,絵本の特徴を考える〜」(図4-1) という話をします。

絵本の特徴として,絵が語ることや,「めくり」が大切なことなどを,実際に絵本を見てもらいながら理解してもらうという趣旨です。『ジャーニー 女の子と魔法のマーカー』(アーロン・ベッカー作,講談社,2013) は,文章がまったくない絵本です。ゆっくりめくっていくと,子どもたちは「スゲー,城じゃ」とか「危ない！ 落ちる！」とか,絵だけを見て声をあげます。何も説明しなくても,絵本は絵が語ることを実感できます。『いない いない ばあ』(松谷みよ子文,瀬川康男絵,童心社,1967) は,赤ちゃんとの遊びを絵本にしたものですが,「いない いない」と手で顔を覆った猫や熊が,「ばあ」でページをめくると笑顔をあらわします。見開きで「いない いない」と「ばあ」が一目で見えるのと,ページをめくって「ばあ」と笑顔が出るのと,わくわく感の違いを想像してみます。

他にも抽象的な絵と音の表現が楽しい『もけらもけら』(山下洋輔文,元永定正絵,中辻悦子構成,福音館書店,1990) や,じっと見ると色が変わって見えるしかけの『こんにちはあかぎつね！』(エリック・カール作,佐野洋子訳,偕成社,1999) などを紹介し,絵本というジャンルの発想の豊かさに触れてもらいます。基本的なところでは,横書きと縦書きで綴じしろが左右に変わること,それに伴って登場人物の進行方向に気をつけなければ,めくるたびにバックをするような不自然な作品になることなども話をします。

津山市立北陵中学校図書館

3年生家庭科　**絵本ってなあに？　～あらためて、絵本の特徴を考える～**

はじめに

　絵本には年齢の下限はあっても、上限はありません。乳幼児も中学生もおとなも、年齢を超えて楽しむことができるし、一緒に読むこともできます。絵本作りの前に、図書館ではいろいろな絵本を紹介します。自分が作りたい作品をイメージする助けになれば幸いです。

　絵本作家の荒井良二さんは、「ほんとうに描きたい線、塗りたい色、語りたい物語は何なのか。その気持ちを正面から見つめずに、絵本を作ることはできません」と言います。みなさん自身の絵本を、心をこめて作ってください。

1．絵本は、絵が語ります。

　文章がなくても、お話がうかんでくるでしょう？

- 『アンジュール』『たまご』　ガブリエル・バンサン　作（ブックローン　1986年）
- 『BLUEBIRD　ぼくとことり』　ボブ・スタック　作（あすなろ書房　2013年）
- 『あかいふうせん』　イエラ・マリ　作（ほるぷ出版　1976年）
- 『ジャーニー　女の子とまほうのマーカー』　アーロン・ベッカー　作（講談社　2013年）

2．絵本は「めくり」が大切です

　めくることの効果、おもしろさを味わってみましょう。

- 『いない　いない　ばあ』　松谷みよ子・文　瀬川康男・絵（童心社　1967年）
- 『やさいのおなか』　きうちかつ　さく・え（福音館　1997年）

3．「なに？　この絵！」　描き方いろいろ

- 『もけらもけら』　山下洋輔　元永定正・作（福音館　1990年）
- 『あおくんときいろちゃん』　レオ＝レオーニ・作　藤田圭雄・訳（至光社　1967年）
- 『ぼくを探しに』『続ぼくを探しに　ビッグ・オーとの出会い』
　シェル・シルヴァスタイン・作　倉橋由美子・訳（講談社　1997、1982年）
- 『みんなそれぞれ』　tupera tupera・著（PHP研究所　2014年）

4．あったことをそのままかいても、わくわくどきどきするのはなぜ？

- 『しろくまちゃんのほっとけーき』　森　比左志　わだよしおみ　若山　憲・著（こぐま社 1972年）
- 『いわしくん』　菅原たくや・作（文化出版局　1993年）

5．発見のよろこびが作品になる

- 『どうぶつのおかあさん』　薮内正幸・え（福音館　1997年）

図4-1　中学3年生家庭科用資料

図書館を活用した学習で大事にしていることは，子どもたちが「やらされる」と感じるのではなく，知的好奇心を揺さぶられながら意欲を持って取り組むことです。そのために何ができるかの答えはなかなか見つかりません。いまは，授業担当の教師と相談しながら，悩みながら，迷いながらできることを行っています。

(3) 情報リテラシーを身につける

　学校図書館は，子どもたちが資料や情報を，考える材料として使い，育っていくことにかかわるところです。資料や情報とのつきあい方を案内することが大事な仕事になります。必要な資料を手に入れる，資料を読む，考える，まとめる，伝える，他人の考えを聞いて再考するなどの過程ごとに，必要な力や技術があります。予約やレファレンスの活用や，分類についての知識，新聞記事の読みくらべ，シンキングツールの利用，レポートの書き方，引用の方法，参考文献の記入，著作権の知識など，折に触れて子どもたちに話をします。

　年度初めの図書館オリエンテーションの時間にも，情報リテラシーを身につける内容を扱います。1年生には，図書館の利用案内に加えて，探求学習に役に立つ参考図書を紹介し，クイズに挑戦してもらいます。世界の国々の平均寿命と日本のそれを比べてみる問題や，「樹懶」などの難解な漢字の読みや，「箕作阮甫」という人物の行ったことなどを，『朝日ジュニア学習年鑑』(朝日新聞出版) や，漢和辞典，『漢字で鍛える日本語力』(学研教育出版，2008) や，人物事典，郷土の歴史事典などを使って調べるというものです。参考図書の存在を知っているのといないのとでは，調べる効率が違います。使っ

たことがないものを，自分の探求に活用することはないと思い，参考図書に触れる機会をつくっています。

　2年生のオリエンテーションでは，新聞の特徴を紹介します。たとえば新聞の文章は，はじめに結論を書いて，そのあとに説明を加えていくという特徴があります。それはなぜかを，子どもたちに考えてもらいます。最初に結論を書くことで，最後まで読まなくても，大切な内容がわかるようになっているのです。また，記事を短くするときに，文章の最後から削っても問題がないようにするための工夫でもあるのです。

　また，新聞が扱う記事の多様性も見ていきます。朝刊1日分は，新書2冊分の文字数と同じくらいと言われますが，記事の内容もバラエティーに富んでいます。世界中の事件や事故，政治，経済，文化，教育，スポーツ，料理，本の紹介，小説も載っています。また，新聞社の考えを表明したり，著名人にインタビューしたり，読者の意見を伝えたりと，いろいろな立場の考えを知ることもできます。新聞は見出しを見て，自分の興味がある記事を読めばよいのです。新聞と他のメディアの特徴を比較してみることもします。

　3年生には，著作権について話をします。レポートにまとめる機会が増えるからです。著作権は，人が考えたことや感じたことを工夫して表現したものに関して，つくった人の権利などを定めたものです。人が創意工夫を重ねて生みだしたものを，尊重しながら私たちは使わせてもらうことができます。これまでの人が考えたり感じたりつくったりしたものから，学んだり模倣したりして，文化を積み上げていくのです。中学生であってもレポートや作品を発表するとき，他人がつくったものをあたかも自分がつくったかのように発表しては

いけません。他人の著作物を使わせてもらうときは許可を得たり，誰のものを参考にしたかを明記したりする必要があることを話します。

4.3 中学生と読書

　勤務校の貸出冊数は，一人当たり年間平均33冊です。朝の一斉読書を行っているにもかかわらず，貸出冊数が少ないことが気にかかっています。そこで，生徒会の図書委員会で，朝読書で読む本をどのように準備しているかを調査しました。すると，「自分で購入する」人が50％もいました。子どもたちの読書に，学校図書館はあまりあてにされていないということです。学校図書館に自分が読みたい本はないし，読みたい本を予約しても，入れてくれる可能性は少ないと子どもたちは判断しているのです。

　子どもたちが，自分のために学校図書館はあると感じてくれなければ，学校図書館は機能を発揮できません。利用者のための学校図書館となるために，図書館活動総点検が必要です。原点は，利用者を知り，資料を知り，両者を結ぶことです。まず，子どもたちと本の話をもっともっとすることから始めました。

　子どもたちに「おもしろい本を教えて」と尋ねたら，すすめてくれたのは，『ソードアート・オンライン』（川原礫著，KADOKAWA, 2009-），『バカとテストと召喚獣』（井上堅二著，KADOKAWA, 2009-），『東京レイヴンズ』（あざの耕平著，KADOKAWA, 2010-），『ブラック・ブレッド』（神崎紫電著，KADOKAWA, 2011-），『とある魔術の禁書目録(インデックス)』（鎌池和馬著，

KADOKAWA, 2004-）でした。複数の生徒が紹介してくれたにもかかわらず，オール「KADOKAWA」でした。数あるライトノベルの中で，これほどKADOKAWAが支持されているのは，作品のおもしろさがあると思いますが，小説，マンガ，テレビドラマ，映画，ゲームなどメディアミックスで宣伝力を全開にして，子どもたちを惹きつけていることもあると思います。

　だとしたら，出版社の宣伝にも負けないくらい，学校図書館からも本の発信をしていこうと，俄然やる気がでてきました。毎日子どもたちと接している者だからできることがあるはずです。一人ひとりと向き合って，本の魅力が伝わる言葉で，直接手渡しできるのです。新着図書案内や図書館だよりも，子どもたちの顔を思い浮かべながら，記事を書きます。館内のいろんなところに，子どもたちの「今」にあったテーマ展示をこしらえます。生徒用玄関に「図書館からおすすめ今日の一冊」をポスターにして掲示するようにもしました。空回りすることも多いです。歯車が合ってくるのは，「あの学校司書が紹介する本は，なかなかおもしろいぞ」と思ってもらえるようになったときだと思い，本を知る努力と子どもたちを知る努力を続けます。

　それでもだんだんに図書館にやってくる子どもが増えてきました。新たな来館者は，新たな資料要求を聞かせてくれます。「『フューチャー・イズ・ワイルド』（ディクソン・アダムス著，松井孝典監修，土屋晶子訳，ダイヤモンド社，2004）のような，生物の進化の本は他にもありますか」とか「ゲームの『刀剣乱舞』に出てくる名刀の写真集が見たい」とかと，今まで聞こえてこなかった声が，少しずつ届くようになりました。

写真 4-1 休み時間の図書館

　無関心で知的好奇心が乏しいのかと思っていた子どもたちが，実はいろんなことに興味や関心を持っていたのです。一人ひとりが見えてくると，本を紹介しやすくなります。その子の興味関心に沿うような本が浮かんでくるからです。「読んでみようかな」と思ってもらえる本を，1冊でも2冊でも届けられたらと思います。

　学校や自治体からも，学校図書館に対して，読書好きな子どもを増やすことへの要請があります。読書が「確かな学力」や「豊かな人間性」を育むという理由からです。全国の小・中学校で，必読図書の選定や，多読者表彰を行うところが増えていると聞きます。「必読」とは，必ず読まなくてはならないという意味です。図書館としては，「読ませる」方向ではなく，子どもたちが「読む気になる」方向での工夫を模索しているところです。多読者表彰で発奮する子どももいるかもしれません。しかし，表彰というご褒美をちらつかせて読書に

向かわせることと，読んだ本の冊数で評価することに抵抗があり，勤務校では行っていません。読書による充足感を大切にした取り組みを追求しているところです。返却時に子どもたちが本について語ることばには，耳を傾けるようにしています。読後にその本の話をするのは，楽しいものです。

4.4 図書館のちかい

私が岡山市の学校司書になったのは1983年です。そのころ学校司書の自主サークルでは，「図書館の自由に関する宣言」（1979年改訂）や『中小都市における公共図書館の運営』（日本図書館協会，1963）についての学習を熱心に行いました。また，1989年には第44回国連総会で「子どもの権利条約」が採択され，学校図書館でも子どもを権利の保持者・行使者としてとらえ，「子どもの最善の利益」を追求した活動をつくろうとしていました。

そんな時代の空気の中で，学校図書館が行うことを，「図書館のちかい」として掲げました。子どもたちや教職員に対して，資料提供を徹底して行うという約束です。また，自分への発奮剤でもあり，「図書館の自由」の精神を，学校教育に生かすという意思表示でもありました。

> **図書館のちかい**
> (1) 北陵中学校の図書館は，みなさんが読みたい本を読むことができるように準備します。
>   ⇒見当たらないときは「予約」をしてください。

(2) 北陵中学校の図書館は，みなさんが知りたいと思うことを調べられるように，一緒に資料をさがして手渡しします。
⇒「レファレンスサービス」を活用してください。

(3) 北陵中学校の図書館はプライバシーを尊重し，だれが何を借りたかという読書の記録を，本人の了解なしに他の人に伝えることはしません。

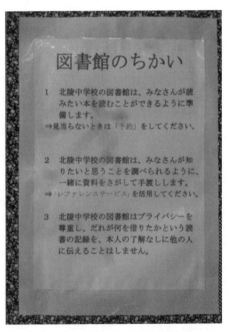

写真 4-2　入口に掲示している「図書館のちかい」

学校図書館資料の内容についても，プライバシーについても，まだまだ学校の中で意見が衝突することはあります。そのわけもわかります。しかし，図書館としては子どもたち一人ひとりの心のうちを大事にすることで，子どもたちは心を開いて，主体的な学びをすすめることができると考えています。実践で確かめながら，職場で議論を重ねていくのみです。

4.5 多くの人と連携して子どもの学びを支える

　2015年度に，津山市教育委員会主催，津山市立図書館が事務局を務めてくださった「調べる学習コンクール」の企画は，子どもの学びを広げるものでした。「見つけよう！津山の魅力」をテーマに，小・中学生を対象に，図書館を上手に使って調べる学習をすすめようという取り組みです。津山という自分たちが生活する町のことを調べるのです。学校司書も企画の段階からメンバーに加わり，学校での調べる学習の内容や子どもたちのつまずきの様子など話をさせてもらいました。

　コンクールを開催するということだけでなく，調べ方や学び方の研修会がとにかく充実していました。学校司書対象，教職員対象を各1回，小・中学生対象の研修は5回も行われました。中でも専門家から直接話を聞いたり，質問に答えてもらえたりしたことは貴重な体験です。津山郷土博物館・津山洋学資料館・津山弥生の里文化財センターの学芸員，郷土歴史研究家の話は，具体的で専門的でとても興味深いものでした。知れば知るほど，もっと調べたくなる内容です。その方たちが，「調べてわからないことにぶつかったら，いつでも質問に来ていいですよ」と言ってくださるのです。

学校図書館，公共図書館，博物館の資料を活用し，専門家のアドバイスを受けることもできるという環境で，子どもたちは調べをすすめることができました。学校図書館へきたレファレンスにも，専門家が全面的に協力してくださるのです。学校司書も子どもとともに津山の遺跡などに足を運び，専門家からたくさんのことを学びました。

　視野を広く持つと，地域にはいろんな知識や技術を持った人々がいることに気づきます。学校図書館も知的好奇心旺盛に，学びを広げに出かけて，多くの方とつながりを持ちたいと思いました。そうした学びの共同体が，子どもの学びを豊かにする可能性を実感した取り組みでした。

場所としての図書館にはめざす蔵書がある
（神奈川県立川崎図書館）

5章 図書館友の会全国連絡会のめざすもの

濱田幸子

　図書館友の会全国連絡会（図友連）がめざすものは、「私たちの図書館宣言」の"実現"です。「私たちの図書館宣言」は2009年の総会で決議され、2012年の総会で改訂しました。また、「私たちの図書館宣言　解説」も2011年の総会で採択しました。その全文を次に掲げます（実際はA4用紙の表に「私たちの図書館宣言」を、裏に「私たちの図書館宣言　解説」が納まるようにと考えてあります）。

5.1 「私たちの図書館宣言」と解説

私たちの図書館宣言

図書館は人類の叡智の宝庫です。
読み、調べ、学び、交流し、必要な情報が得られる教育機関として、私たちの自立と地域社会の発展になくてはならない施設です。

　私たちは、ここに図書館のあるべき姿を掲げます。
一　知る自由と学ぶ権利を保障する図書館
二　いつでも、どこでも、誰でも、身近に無料で利用できる図書館

三 資料・情報が豊富に収集・整理・保存・提供されている図書館
四 司書職制度が確立され,経験を積んだ館長と職員がいる図書館
五 利用者のプライバシーを守る図書館
六 情報公開と民意に基づく図書館協議会が機能する図書館
七 教育委員会の責任で設置し,直接,管理運営される図書館

 私たちは,この実現のために,図書館を支え,守り,すべての人と手をつなぎ,図書館とともに成長することを宣言します。

2009.5.25 総会決議/2012.5.22 総会改訂

「私たちの図書館宣言」解説

一 知る自由と学ぶ権利を保障する図書館

 私たちは,図書館のさまざまな資料・情報から,読書の喜びを得ると共に,自ら調べ,考え,判断して課題を解決します。図書館の資料収集を制約したり,検閲したり,収集した資料を書架から撤去,廃棄することは,利用者の判断の幅をせばめます。どんな事実や表現も,制限されることなく図書館に蓄積されていくことで,後世の人々も,知る自由と学ぶ権利を保障されます。

二 いつでも,どこでも,誰でも,身近に無料で利用できる

図書館

　図書館は，赤ちゃんからお年寄りまで，図書館に足を運べない人も，通常の資料では利用できない人も，外国人も，誰もがいつでも利用できる「本と情報のある広場」です。身近な図書館を「無料」で利用できることが，教育・情報格差をなくし，住みよいまちづくりを応援します。

三　資料・情報が豊富に収集・整理・保存・提供されている
　　図書館

　資料・情報は幅広く豊富なほど役にたちます。図書館には，世界を知る資料から地域や生活の最新情報まで，古今東西の叡智が，体系的に分類・整理・保存されていることが大切です。図書館は，私たち一人一人の読書の喜びのため，課題解決のためなど，さまざまな要望に応じて，より効果的・効率的に資料や情報を提供してくれるところです。

四　司書職制度が確立され，経験を積んだ館長と職員がいる
　　図書館

　潤沢な資料と情報があったとしても，必要な人に，必要とする時に手渡すことができなければ意味がありません。社会が複雑化し情報過多であればあるほど，収集・整理・保存・提供には専門知識と経験が必要です。職務倫理を備え，実務経験を積み重ねた職員，館長のいる司書職制度が確立した図書館が公共サービスを支え，質を高めます。

五　利用者のプライバシーを守る図書館

　私たちがいつ何を読み，どう利用したかはプライバシーの

問題であり，図書館は，業務上知り得た秘密を外部に漏らさないという責務を負います。利用者の個人情報はもちろん，どのような種類の資料・情報もプライバシーを侵害されることなく安心して入手，利用できる図書館が，個人の尊厳に配慮した成熟社会へ導いてくれます。

六　情報公開と民意に基づく図書館協議会が機能する図書館
　図書館協議会は，よりよい図書館運営のために，利用者代表が館長の諮問に応じるとともに，館長に意見を述べる大切な機関です。協議会が効果的に機能するためには，正確で公正な情報公開がなくてはなりません。市民の意思を十分反映できるように，開かれた図書館協議会を設置することが重要です。

七　教育委員会の責任で設置し，直接，管理運営される図書館
　「図書館」は，法令上「教育機関」です。生涯学習の拠点である図書館は，さまざまな介入や干渉に左右されてはなりません。首長部局から独立した教育委員会において，公の責任のもと，直接，管理運営することで，中立性と公平性，専門性も継続され，市民の声が届きやすくなります。

2011.5.23 採択

5.2　図書館友の会全国連絡会の活動

　「私たちの図書館宣言」ができあがる経過および留意した点につきましては，第 101 回全国図書館大会第 14 分科会にて

お話ししましたので,そちらの記録を読んでいただければと思います。

第14分科会ではお話しできなかった,図友連が「私たちの図書館宣言」実現のために行ってきました活動を紹介させていただきます。

(1) 学習会

11月に行われたもの以外は,総会時に行われたものです。

2008年5月　「いま一緒に考えたいこと」菅原峻氏
2010年5月　「国立国会図書館の現状と図書館協力」長尾真氏
　　　　　　「デジタル出版と図書館」常世田良氏
　　11月　「図書館事業の公契約基準・試案」松岡要氏
2011年5月　「図書館協議会の役割と可能性」山口源治郎氏
2013年5月　「国立国会図書館における全国書誌提供サービス」
　　　　　　大柴忠彦氏
　　　　　　「武雄市図書館をもっと知る学習会」井上一夫氏
2014年5月　「ビッグデータってなに???」高木浩光氏(図友連ホームページで動画を公開中)

(2) 文部科学省・総務省への要望書提出

図友連会員の団体・個人のほか,全国で活動している図書館や読書に関係する団体にも賛同をいただき,2006年より提出しています。

2006年5月　　　文科省・総務省に「要望書」提出
2007年3月　　　全国知事会等に「公共図書館の充実と改善を求め

		る要望書」提出
	7月	文科省中央教育審議会制度問題小委員会に「"図書館法第17条の堅持"等の要望書」提出
	10月	文科省中央教育審議会に「中央教育審議会を含む諸会議の傍聴について要請書」を提出
		文科省・総務省に「公共図書館の振興を求める要望書」提出
	12月	文科省中央審議会に「再び中央教育審議会の諸会議の傍聴について」要請
2008年5月		総務省に「指定管理者制度に関する要望書」提出
2009年5月		文科省・総務省に「公立図書館の振興を求める要望書」提出
2010年5月		文科省に「公立図書館,学校図書館の振興を求める要望書
		総務省に「公立図書館の振興についての要望書」提出
2011年5月		文科省に「公立図書館,学校図書館の振興を求める要望書」提出
		総務省に「公立図書館の振興を求める要望書」提出
2012年5月		文科省・総務省に「公立図書館,学校図書館の振興を求める要望書」提出
2013年5月		文科省に「公立図書館の振興を求める要望書」提出
		総務省に「地方自治を支える公立図書館の振興施策を求める要望書」提出
2014年10月		文科省に「公立図書館の振興を求める要望書」提

	出
	総務省に「地方自治を支える公立図書館の振興施策を求める要望書」提出
2015年5月	文科省に「図書館協議会を必置とする法改正等の要望書」提出
	文科省に「図書館協議会調査にかかる調査項目についての要望書」提出

　上記の要望書提出と同時に，衆議院と参議院の議員への要請行動も行っています。要請行動では，事前に面談予約を取り，議員本人もしくは政策秘書等と面談を行い，要望書実現のための協力をお願いしています。

　2014年までは4～5項目からなる「公立図書館の振興を求める要望書」を提出してきましたが，2015年は「私たちの図書館宣言」の実現をより現実のものとすべく，「図書館協議会」（「私たちの図書館宣言」の六）についての要望書を丹羽秀樹文部科学副大臣*に手渡しました。また，文部科学省の事務担当者と意見交換を行い，要請行動も文部科学委員会委員と文教科学委員会委員に絞って行いました。

図書館協議会を必置とする法改正等の要望書

1. 公立図書館には図書館協議会を必ず設けなければならないとすること，及び，図書館協議会委員の任命はいわゆる公募枠を必ず設けて行うこととする法改正を行ってください。
2. 地方交付税措置に関し，市町村立図書館の図書館協議会委員の報酬に関して，都道府県立図書館と同様に積算根拠に明記するようにしてください。

3. 全国の図書館協議会の現状と課題を把握するため,悉皆調査を行ってください。

　いま,「図書館協議会」に言及する理由は,指定管理者制度の導入がされたとき,導入した図書館の図書館協議会は形骸化していたり,もしくは図書館協議会を廃止して条例改正に臨んだりする例が多いように思われ,また,設置されていない市町村も多数あります。図書館協議会の状況を具体的に把握し,この図書館協議会という制度を活用することが,図書館の発展につながると考えるからです。

(3) 図書館の振興と発展を願う懇談会（院内集会）

　図書議員連盟,子どもの未来を考える議員連盟,活字文化議員連盟の協力を得て,議員会館で開催しました。

写真 5-1　院内集会の様子

おもなプログラムは下記のとおりです。

2009年11月　基調講演「これからの若い人のために」竹内悊氏
2010年11月　図友連からの問題提起，現場からの報告
2012年5月　「震災と図書館-東日本大震災から学ぶ-」
　　　　　　白幡勝美氏（気仙沼市教育委員会教育長）
　　　　　　吉田和紀氏（福島県立図書館専門司書）

(4) 要望書・意見書・声明書・質問書提出

各地での図書館にかかわる問題に対して，地元の友の会等からの要請を受けたりして，図友連として提出しています。

2008年7月　沖縄県議会，沖縄県教委教育委員長・教育長に「沖縄県立図書館八重山分館存続を求める要望書」提出
2008年11月　横浜市長に「横浜市立図書館への指定管理者制度導入計画見直し再検討を求める要望書」提出
　　　　　　横浜市会議長に「陳情書」提出
2009年1月　横浜市会議長に再度「陳情書」提出
　　　4月　横浜市長に「要望書への再回答及び同要望書の取り扱いについての説明を求める要望書」提出
　　　6月　朝日新聞社に「公立図書館に関する記事についての要望書」提出
　　　　　　朝日新聞社論説委員室に「意見書」提出
2010年7月　各政党に「図書館政策についての公開質問書」提出（日本図書館協会と連名）
2012年9月　文科省「公立図書館の設置及び運営上の望ましい

		基準」の改正案に対して「事前質問とパブリックコメント（意見）」提出
2013 年 2 月		逗子市長，逗子市議会議長，逗子教育委員長に「貴市図書館への指定管理者制度導入に関する要望書」提出
	7 月	武雄市（市長，教育委員会，市議会），総務省，文科省，全国のさまざまな図書館，読書関係機関，新聞社，報道関係，国会議員など60か所に「武雄市図書館の民間会社による管理・運営に関する声明書」発信
		松坂市長に武雄市図書館問題の声明書絡みで質問「市長への手紙」
	9 月	多賀城市，多賀城市議会議長へ「武雄市図書館の民間会社による管理・運営に関する声明書」送付
	11 月	海老名市長，海老名市教育長，海老名市議会議長に「海老名市立図書館指定管理者導入について陳情書」提出
2014 年 2 月		多賀城市長，多賀城市教育委員長，海老名市長，海老名市教育委員長に「図書館の民間による管理運営に関する意見・要望」提出
		総務省，文科省，全国のさまざまな図書館・読書関係機関，新聞社，報道関係，国会議員など60か所に「図書館の民間会社による管理・運営に関する意見・要望」発信
	8 月	釧路市長，釧路市教育委員長に「釧路市の新図書館整備の検討に関する陳情書」提出
	12 月	9政党に「図書館の振興・発展に関する公開質問

	状」提出
2015年2月	福岡市長,福岡市教育長に「福岡市図書館への指定管理者制度の導入の見直し及び再検討を求める要望書」提出
9月	小牧市長,小牧市教育長,小牧市議会議員立候補者,総務省,文科省,全国のさまざまな図書館・読書関係機関,新聞社,報道関係,国会議員など60か所に「武雄市をモデルとした新図書館建設の再考を求める要望書」提出

(5) 現在の図書館友の会全国連絡会

2016年1月に図友連は『「ツタヤ図書館」の"いま"－公共図書館の基本ってなんだ？－』というパンフレットを発表しました。内容は下記のとおりです。

1. この「ミニパンフレット」の趣旨
2.「ツタヤ図書館」の誕生（佐賀県「武雄市図書館」）
3. 武雄市図書館での図書購入問題のマスコミ報道
4. 神奈川県海老名市にも武雄市図書館問題が飛び火
5. CCCの「ライフスタイル分類」の問題点
6.「ツタヤ図書館」のその他の問題点
7. 他市の「ツタヤ図書館」構想
8.「ツタヤ図書館」に対する行政の対応
9.「ツタヤ図書館」と学校図書館支援事業
10.「図書館とは何か？」もう一度考えよう
　（図友連ホームページからダウンロードできます）

本来ならば,「私たちの図書館宣言」実現のため,図書館政策にかかわり,理想の図書館をめざす活動を行いたいところですが,「ツタヤ図書館」をはじめとする指定管理者制度導入の動きはとても速く,じっくり考えて…などという時間は与えてくれません。それでも,これほど世間に「図書館」を取り上げられた時期があっただろうかと思うくらい,マスコミに「図書館」が登場しているいま,一人ひとりにとって「図書館とは何か？」を真剣に考えるときなのではないでしょうか。

5.3 これからの図書館友の会全国連絡会

　第14分科会でも少し触れましたが,「市民の図書館評価」を実施したいと思っています。
　これは,「私たちの図書館宣言」に基づいて,項目がつくられています。「評価する側とされる側に分かれるのではなく,市民と図書館職員がよりよい図書館をつくっていくためのものです」。
　まだ,試行もされていませんので,もう少し時間がかかると思いますが,各地の図書館で実施されて,それが「私たちの図書館宣言」の実現につながっていけばいいなと思っています。
　また,前述した『「ツタヤ図書館」の"いま"』というパンフレットも,状況をふまえた上で,改訂版を出す予定です。
　第100回と第101回の全国図書館大会では,共催として「市民と図書館」という分科会の運営を担当しました。第100回では「図書館協議会」と「図書館とマスメディア」をテーマ

に，第101回では「図書館を支える市民の力」をテーマに行いました。これは，会員が全国に分散しているがゆえに大変な面もあるのですが，続けていきたい活動です。

そして，もちろん文部科学省への要望書は提出し続けます。

写真5-2　全国図書館大会分科会の様子

5.4　おわりに－第14分科会のアンケートから

アンケートの中にこんな質問がありました。
「図友連の考え方，宣言として指定管理者制度で運営されている図書館の友の会に対してどう思うか教えてください」

指定管理者制度で運営されている図書館と友の会の関係は，いろいろなパターンがあると思います。

図書館に指定管理者制度が導入されるとわかって，おもに

反対するために発足した友の会。ずっと長い間，図書館と歩んできて，指定管理者制度が導入された図書館の友の会。どちらも，図友連の仲間です。

　後者の場合，解散した例や解散しないまでも，協力はできないと言っている例を知っています。心情的によくわかります。いままで，図書館とどのようにかかわってきたのかによって違うような気がします。

　加えて，指定管理者側で働いている人たちにも，思いを馳せます。ここで働いている多くの人は，「図書館が好き」，「図書館で働きたい」という思いだけで，安い賃金でも働いている例も多く，仕事に対してとても熱心です。こういう方にお会いするたびに，早く司書職制度を確立しなければと思います。そういう意味で，今後は職員問題にも取り組みたいです。

図書館友の会全国連絡会
　　　　ホームページ：http://totomoren.net/

＊肩書等は当時のままです。

【参考】
船橋佳子「『図書館友の会全国連絡会』の活動について」(『みんなの図書館』2014.6月号)

園児は図書館員と触れ合う（瀬戸内市図書館）

地域の歴史や郷土資料に精通する図書館員も
スキルを磨く（墨田区立緑図書館）

5章　図書館友の会全国連絡会のめざすもの

研修には成長して伝えたいという意志がある
(田原市中央図書館)

ブックスタートの効果と可能性は大きい
(白河市立図書館)

情報化社会では図書館の
役割は大きい
(渋谷区立大和田図書館)

編集後記

　まえがきにもあるとおり，本書は，2015年10月開催の第101回全国図書館大会第14分科会から生まれました。

　1997年に『図書館のめざすもの』が発行され，図書館員に限らず図書館利用者も含め多くの人に受け入れられ，各地で「めざすもの」が取り組まれました。2014年の『新版』は日本の各地で取り組まれている実践例を盛り込んだ一冊です。

　全国図書館大会の受付が始まって早い段階で定員に達したため，締め切った分科会でした。期待される分科会であったと思います。会場でいただいた質問をもう少し手際よく紹介できたらよかったと反省しつつ，このような形でシェアする機会が得られたことを喜びたいと思います。

　今回の分科会は学びという観点で捉えると，互いの体験を交流することから新たな発見，取組みのヒントが得られるものだったのではないかと思います。その場に集うことはかなわなかった人も，本書を通じて体験の交流ができればと期待します。図書館が"『持ち寄り』と『まとめ』と『分け合い』"の場であるとすれば，本書も小さな図書館です。ここから読者の皆さんの「めざすもの」を始めてください。

2016年6月
小池　信彦
調布市立図書館

索引

【あ行】

朝の読書 …………………… 51, 124
「アメリカ社会に役立つ図書館の12か条」 …………… 5, 6, 7, 65, 67, 68, 72
アメリカ図書館協会 ………5, 8, 65, 67
石井桃子 ………………………………75
移動図書館 ……17, 23, 100, 101, 102
漆原宏 ………………………………4, 63
絵本づくり …………………………118
奥行き …………………………………84
オリエンテーション ……………122, 123

【か行】

『海外図書館員の専門職制度 調査報告書』 ………………………64
回想法 …………………………………23
外部資金の調達 ……………………103
学習権宣言 …………………………116
学習指導要領 …………………………30
学校司書 ………20, 26, 27, 29, 31, 43, 44, 58, 77, 102, 112, 113, 114, 115, 117, 120, 125, 127, 129, 130
学校図書館図書標準 ………………114
学校図書館のめざすもの ……29, 109
活字文化議員連盟 ……………34, 138

家庭文庫 ……………………………5, 9
館種別 …………………………10, 64, 65
基本計画 …………………………20, 21
基本構想 ……18, 20, 21, 76, 88, 90, 95
基本設計 ………………………………90
教育委員会 ………58, 79, 94, 95, 134
教育と図書館 …………………………80
共時性 …………………………………57
郷土資料 ………21, 90, 93, 98, 99, 113
協約 ………………………………73, 74
行列のできる図書館 …………………28
携帯小説 ………………………………51
研修会 …………………………………44
公共 …………………………………56
公共サービス ………101, 102, 104, 107
公設公営 ………………………………23, 96
公立 …………………………………80
「子どもの権利条約」 ……………127
子どもの未来を考える議員連盟 …………………………… 34, 138
五法則　→図書館学の五法則
コルウェル, アイリーン ……………42, 76

【さ行】

財政民主主義 ……………………101, 104

30年期 …………………………9, 12
三方一両損 ……………………………14
時間 ………………………………52-59
自己相対化 ……………………………25
自己表現を叶える場 …………………63
自習 ………………… 49, 105, 106, 107
司書 …… 10, 17, 20, 53, 78, 79, 81, 84, 85, 86
司書課程 …………………………81, 82
司書教諭 ………………………………20
司書職制度 ……………………133, 144
司書の資質 ……………………………82
市長 ……… 16, 22, 23, 94, 95, 96, 102
実施計画 …………………………21, 90
実施設計 ………………………………90
指定管理者制度 ……33, 52, 53, 56, 57, 96, 97, 102, 136, 138, 139, 140, 141, 142, 143, 144
市民参加 ………………………………95
市民による図書館構想 ……………6, 70
市民の図書館評価 ……………37, 142
住民投票 ………………………………35
住民として考える図書館像 …………70
巡回サービス ……………………17, 23
ショウ, スペンサー ……………………76
情報公開 ………………………………95
情報爆発 ………………………………46
情報リテラシー ……………………118, 122
調べる学習 …………32, 116, 118, 129
知る自由 ……………………………132
新図書館整備基本計画 ………………90

新図書館整備基本構想 ………88, 89
ストーリーテリング …………………76
成長する有機体 ………………………87
瀬戸内市 …………16-24, 76, 93, 96
「瀬戸内としょかん未来プラン」………8
瀬戸内発見の道 ………………………21
全国図書館大会 …………34, 134, 142
専制政治 …………………………7, 67
仙台にもっと図書館をつくる会
 …………………………………5, 70, 71
全米図書館友の会連合会 ‥8, 66, 73, 74

【た行】
大学の限界 ……………………………83
多読者表彰 …………………………126
地域郷土資料 →郷土資料
地域で生きる …………………………14
地域文庫 …………………………5, 9
知的好奇心 ……29, 30, 110, 126, 130
『中小都市における公共図書館の運営』
 ………………………………… 26, 127
著作権 …………………………122, 123
ツタヤ図書館 …………………………141
つないでゆく ……………………77, 78
適時性 …………………………………57
デジタルアーカイブ ……………23, 98, 99
電子媒体 ………………………………46
読者 …………………40, 41, 54, 64
読書 ………………… 10, 13, 45, 48
読書会 ………………24, 25, 39, 40, 42
読書離れ ………………45, 47, 49, 50

特別なことから当たり前に ……… 11, 45
図書館 ………………………………… 10, 11
図書館学の五法則 …… 12, 13, 39, 40
図書館関係者との交流 ………………38
図書館協議会
　………… 34, 35, 134, 135, 137, 138
「図書館協約」………… 5, 66, 73, 75
図書館友の会全国連絡会 …8, 32, 33, 35, 36, 37, 72, 74, 131, 134, 135, 139, 141, 142, 143
「図書館の自由に関する宣言」… 27, 127
「としょかんのちかい」……………8, 78
「図書館のちかい」………… 8, 78, 127
『図書館のめざすもの』… 2, 4, 5, 7, 24, 36, 64, 66, 68, 69, 70, 71, 78
図書館法 …………………………8, 71, 97
としょかん未来ミーティング
　……………… 19, 21, 50, 88, 89, 93
図書館は過去を保存する ……………67
図書館は一人ひとりを刺激する ……68
図書議員連盟 ………………… 34, 138

【な行】
日本図書館協会 ……… 2, 27, 34, 64, 65
人間性 …………………………………84

【は行】
場としての図書館 …………………… 100
バトラー, ドロシー …………………76
比較 ………………………………8, 72
ファシリテーション能力 ……………43

プライバシー ………… 128, 129, 133, 134

【ま行】
学び ………… 22, 30, 110, 111, 112, 115, 116, 130
学ぶ権利 …………………………… 132
見つける ………………………………77
「未来をひらくゆふいん図書館」
　………………………………8, 14, 75
みんなでつくるせとうちデジタルフォトマップ ……………………… 22, 99
持ち寄り, まとめ, 分け合う
　………………………… 77, 78, 108
持ち寄り・見つけ・分け合う
　……………………… 19, 88, 108
もみわ広場 ………………………… 108

【や行】
役に立たないことを学ぶ ……………83
ヤングアダルトサービス
　………… 49, 51, 104, 106, 107
「ユネスコ学校図書館宣言」……… 116
ゆふいん図書館 ………… 8, 14, 75, 76
読む自由 ……………………………… 117

【ら・わ行】
ライトノベル ………… 50, 51, 107, 125
ランガナタン, S. R. ……… 12, 13, 39, 40
利用者 … 27, 28, 59, 63, 69, 86, 116, 132
「私たちの図書館宣言」… 8, 33, 36, 37, 59, 72, 131, 132, 134, 135, 137, 142

■**編者紹介** （五十音順）

井出　浩之　富士通株式会社，第101回全国図書館大会第14分科会運営委員）

小池　信彦　調布市立図書館，第101回全国図書館大会第14分科会コーディネーター

長谷川豊祐　日本図書館協会出版委員会委員長，第101回全国図書館大会第14分科会運営委員

樋渡えみ子　日本図書館協会出版委員会委員，東京都立多摩図書館，第101回全国図書館大会第14分科会運営委員

■**執筆者紹介** （登壇順，所属は執筆当時）

竹内　悊　　図書館情報大学名誉教授，元日本図書館協会理事長
嶋田　学　　瀬戸内市立新図書館開設準備室長
加藤　容子　津山市立北陵中学校
濱田　幸子　図書館友の会全国連絡会

■**写真** （p.60, 87, 130, 145-146）

漆原　宏

> 視覚障害者その他活字のままではこの本を利用できない人のために，日本図書館協会及び著者に届け出る事を条件に音声訳（録音図書）及び拡大写本，電子図書（パソコンなど利用して読む図書）の製作を認めます。但し，営利を目的とする場合は除きます。

◆ JLA 図書館実践シリーズ　30
「図書館のめざすもの」を語る

2016 年 7 月 30 日　　初版第 1 刷発行 ©

定価：本体 1500 円（税別）

編　者：第 101 回全国図書館大会第 14 分科会運営委員
発行者：公益社団法人　日本図書館協会
　　　　〒104-0033　東京都中央区新川1-11-14
　　　　Tel 03-3523-0811(代)　Fax 03-3523-0841
デザイン：笠井亞子
印刷所：イートレイ㈱　Printed in Japan
JLA201610　　ISBN978-4-8204-1606-7
本文の用紙は中性紙を使用しています。

JLA 図書館実践シリーズ 刊行にあたって

　日本図書館協会出版委員会が「図書館員選書」を企画して20年あまりが経過した。図書館学研究の入門と図書館現場での実践の手引きとして，図書館関係者の座右の書を目指して刊行されてきた。

　しかし，新世紀を迎え数年を経た現在，本格的な情報化社会の到来をはじめとして，大きく社会が変化するとともに，図書館に求められるサービスも新たな展開を必要としている。市民の求める新たな要求に対応していくために，従来の枠に納まらない新たな理論構築と，先進的な図書館の実践成果を踏まえた，利用者と図書館員のための出版物が待たれている。

　そこで，新シリーズとして，「JLA図書館実践シリーズ」をスタートさせることとなった。図書館の発展と変化する時代に即応しつつ，図書館をより一層市民のものとしていくためのシリーズ企画であり，図書館にかかわり意欲的に研究，実践を積み重ねている人々の力が出版事業に生かされることを望みたい。

　また，新世紀の図書館学への導入の書として，一般利用者の図書館利用に資する書として，図書館員の仕事の創意や疑問に答えうる書として，図書館にかかわる内外の人々に支持されていくことを切望するものである。

2004年7月20日
日本図書館協会出版委員会
委員長　松島　茂

図書館員と図書館を知りたい人たちのための新シリーズ！

JLA 図書館実践シリーズ 既刊20冊, 好評発売中

（価格は本体価格）

1. **実践型レファレンスサービス入門　補訂版**
   斎藤文男・藤村せつ子著／203p／1800円

2. **多文化サービス入門**
   日本図書館協会多文化サービス研究委員会編／198p／1800円

3. **図書館のための個人情報保護ガイドブック**
   藤倉恵一著／149p／1600円

4. **公共図書館サービス・運動の歴史 1　そのルーツから戦後にかけて**
   小川徹ほか著／266p／2100円

5. **公共図書館サービス・運動の歴史 2　戦後の出発から現代まで**
   小川徹ほか著／275p／2000円

6. **公共図書館員のための消費者健康情報提供ガイド**
   ケニヨン・カシーニ著／野添篤毅監訳／262p／2000円

7. **インターネットで文献探索　2016年版**
   伊藤民雄著／204p／1800円

8. **図書館を育てた人々　イギリス篇**
   藤野幸雄・藤野寛之著／304p／2000円

9. **公共図書館の自己評価入門**
   神奈川県図書館協会図書館評価特別委員会編／152p／1600円

10. **図書館長の仕事　「本のある広場」をつくった図書館長の実践記**
    ちばおさむ著／172p／1900円

11. **手づくり紙芝居講座**
    ときわひろみ著／194p／1900円

12. **図書館と法　図書館の諸問題への法的アプローチ**
    鑓水三千男著／308p／2000円

13. **よい図書館施設をつくる**
    植松貞夫ほか著／125p／1800円

14. **情報リテラシー教育の実践　すべての図書館で利用教育を**
    日本図書館協会図書館利用教育委員会編／180p／1800円

15. **図書館の歩む道　ランガナタン博士の五法則に学ぶ**
    竹内悊解説／295p／2000円

16. **図書分類からながめる本の世界**
    近江哲史著／201p／1800円

17. **闘病記文庫入門　医療情報資源としての闘病記の提供方法**
    石井保志著／212p／1800円

18. **児童図書館サービス 1　運営・サービス論**
    日本図書館協会児童青少年委員会児童図書館サービス編集委員会編／310p／1900円

19. **児童図書館サービス 2　児童資料・資料組織論**
    日本図書館協会児童青少年委員会児童図書館サービス編集委員会編／322p／1900円

20. **「図書館学の五法則」をめぐる188の視点　『図書館の歩む道』読書会から**
    竹内悊編／160p／1700円